お菓子の図書館

パンケーキの歴史物語

Pancake: A Global History

ケン・アルバーラ❖著
Ken Albala
関根光宏❖訳

原書房

目次

［……］は翻訳者による注記である。

第1章◉パンケーキの歴史

◉パンケーキとはなにか

パンケーキはでんぷんを主成分とする食べ物であり、熱したフライパンや鉄板などの上に生地を流しこみ、固まるまで調理したものである。通常は円形で、重力の力によって形作られるが、型に入れて焼かれたり、生地の流しこみ方を工夫してさまざまな形のものが作られたりもする。

よく知られているようにふつうは平たいが、熟練した人が適切な材料を使って作ると、厚みのある、軽くてふわふわのパンケーキができあがる。一方で、フランスのクレープのように意図的に細長い形にする場合も多い。「シルバー・ダラー（1ドル硬貨）」ほどのごく小さなパンケーキが作られたり、慈善事業の基金集めや『ギネスブック』の世界記録更新をめざして、巨大なパンケーキが作られたりすることもある。家庭で作られることもあれば、レストランで注文したり、屋台で購入したりして食べられることもある。

　パンケーキを一目見れば、誰でもそれがパンケーキだとわかるものだが、外見はあてにならないことがある。平たい形をしたピタパン［地中海沿岸、中東、北アフリカで広く食べられている円形のパン］やコーン・トルティーヤ［すりつぶしたトウモロコシから作る、メキシコ、アメリカ南西部、中央アメリカの伝統的な薄焼きパン］は、素人目にはパンケーキにかなり近いものに見える。しかし、これらはパンケーキとは根本的に異なる食べ物である。いずれもでんぷんを主成分としており、材料や作り方に共通点があるとはいえ、ピタパンやコーン・トルティーヤはパンケーキの仲間ではない。いうなれば、ハチドリとマルハナバチほどのちがいがある。あるいは、サメとイルカほどのちがいがある。

　折りたたんだり、具材をはさんだりするという点では共通点があるが、パンケーキはこねた生地（ドウ）ではなく、とろりとした生地（バッター）を使って作られる。平たいパンは、パンケーキの生地《バッター》よりも固い生地《ドウ》を手でこねて、その後、オーブンやフライパンなどで焼かれる。あまり醗酵が進んでおらず、見た目がパンケーキに近いものであっても、これらはあくまでもパンの一種なのである。

シンプルでふわふわのパンケーキは、アメリカの昔ながらの朝食だ。

さらにいうと、パンケーキだといわれているもののなかにも、実際にはパンケーキに分類できないものがある。たとえば、北京ダックや木須肉（ムーシューロウ）を包んで食べる中国の薄餅（ポーピン）は、薄くて平たいパンである。また、東南アジアで春巻きを作るときに使われるライスペーパー［米を細かく砕いて薄いシート状に加工したもの］は、麺類に近いものであり、いったん乾燥させたものを、調理する際に水でもどして用いられる。

パンケーキには膨張剤が使われるが、膨張剤はパンケーキを定義するうえで不可欠のものではない。パンケーキは、ベーキングパウダーや重曹（ベーキングソーダ）の力を借りてふくらませたり、イーストや炭酸水、泡立てた卵白などを使ってふくらませたりすることもある。あるいは、まったく膨張剤を用いない場合もある。

通常、焼きあがったパンケーキには多少の気泡が含まれている。パンケーキはもともと、空気を混ぜこんでふくらませることが多かった（したがって材料は小麦粉と水だけで十分だった）。イギリスでは、いまだにこの方法が好まれている。

膨張剤として使われるもののなかでも、とくに注目に値するのは、雪だ。『パーロアさんの新料理読本 *Miss Parloa's New Cookbook*』（１８８１年）によると、リンゴをたっぷり入れた生地をかき混ぜる際、最後に雪を入れ、高温に熱した油に生地を落とす。おそらくフリッターに近いものになるはずだが、この料理はスノー・パンケーキと呼ばれている。

パンケーキに使われる一連の材料は、パンケーキの本質的な定義を考えるうえで、なんの役割もはたしていない。ピタパンとパンケーキは、同じ小麦粉を材料にして、水の量を変えて作られる。ところが、小麦粉をまったく使わなくても完璧なパンケーキを作ることができる。穀類はパンケーキに欠かせない存在というわけではないのである。大麦や米、トウモロコシ、あるいはソバですらパンケーキの材料となるだけでなく、栗やドングリ、マメ科の植物の種子なども、粉状にして小麦粉に混ぜて使われる。

じつのところ、どんなものであれ、でんぷん質の材料があればパンケーキを作ることができる。人類は太古の昔からそれを実践してきた。19世紀ごろのアメリカでは、古くなったパンを細かく砕いたものを使ってパンケーキが作られていた。パンケーキを定義するときに重要なのは、材料を混ぜるボウルのなかになにが入っているかではなく、フライパンの上で焼きあがったものがどんなものなのか、という点なのである。

◉平らな調理器具で焼いたもの

パンケーキとそれに近い別の食べ物を区別するには、調理技術が決定的な役割を演じている。当然ながら、パンケーキは調理されている。より正確にいうと、フライパンで焼かれている。

もっとも、フライパンに限らず、平らなものの上でならパンケーキを焼くことができる。実際に、大量生産されるパンケーキはほぼ例外なく、家庭用のフライパンのように縁《ふち》に囲まれた調理器具ではなく、大きなグリドル［円形の鉄板］や業務用の平らな調理器具を使って焼かれている。また、有史以前からわたしたちの祖先は、平らな石に油をひき、その石を残り火の上においてパンケーキを焼いていた。

このように、パンケーキにはフライパンが不可欠なわけではない。同時に、ワッフルを愛してやまない人たちをうっとりとさせる、格子模様に凹凸のついたさまざまな焼き菓子も、

多くの人に愛されているワッフルは、パンケーキではない

本書でいうところの純粋なパンケーキには分類できない。

さらにいうと、パンケーキを焼くことは、動物や植物に由来する油を少量使って直火で焼くことを意味している。また、材料はほぼ同じでも、油で揚げた場合はまったく別の食べ物になってしまう。ファネルケーキ（生地を漏斗《じょうご》に入れて、少しずつ油のなかに落として作る揚げ菓子）と同様に、フリッターはパンケーキと同じ生地から作られるものの、パンケーキではない。ところが、のちに述べるように、カリカリに揚げたフリッターがパンケーキと呼ばれることも過去にはよくあった。

◉パンケーキでは「ない」もの

さらには、パンケーキの材料とまったく同じ材料を使いながら、調理方法を変えることによって、同じ食べ物とは思えないものが作られることもある。たとえばドイツのシュペッツレ（spaetzle ジャガイモのニョッキ）や、イギリスの伝統的なプディングがそうだ。このプディングは、スエット［牛・羊の腰や腎臓のあたりの脂肪］や干しブドウを生地に混ぜ、牛や羊の胃袋に入れて煮たものであり、生地そのものは往々にしてパンケーキのそれとなんら変わらない。これらは、おおかたの平たいパンよりもパンケーキに近い。

ヨークシャー・プディング（アメリカではポップオーバーと呼ばれる）という名前で知られるスフレの仲間も、パンケーキとは別のものだ。これはパンケーキにかなり近い生地で作られるが、たいていの場合、卵の分量が多い。パンケーキのように平たくするのではなく、できるだけふっくらと焼きあげるために、つねに型を使って焼かれる。肉汁を利用したヨークシャー・プディングや、「ダッチベイビー」というひねくれた名前のドイツ風パンケーキ（「ダッチ」はここでは「ドイツの」という意味で使われている）は、パンケーキとは別物だと考えなければならない。

一方で、泡立てた卵白を大量に使って作るパンケーキも数多くある。これらはヨークシャー・プディングにとてもよく似ている。また、「パンケーキ」と呼ばれるもののなかには、卵を大量に使い、小麦粉が少しだけしか入っていない、オムレツに近いものもある。こうしたものに関しては、はっきりと線引きをするのがむずかしい。

●パンケーキはケーキか？

パンケーキはケーキなのだろうか。

パンケーキは、わたしたちが思い描いているようなケーキ（生地をオーブンで焼いてから、甘いクリーム状のペーストで覆われることの多い菓子）とは異なる。ところがじつをいうと、昔の英語の語法や、使われている材料などから考えると、パンケーキはいわゆるケーキと近い関係にある。個体発生は系統発生を繰り返す。いいかえると、種《しゅ》の進化過程における変化は、未発達の初期的段階における変化と呼応している。パンケーキはすべてのケーキの原形だと考えることもできる。

パンケーキの作り方を、使われている材料に注目してみてみよう。ふるった小麦粉に、少量の牛乳、泡立てた卵、砂糖少々を加え、必要に応じて膨張剤を入れる。現在ではかなり進化したといえるウエディングケーキも、この簡単な作り方をもとにして作られている。パンケーキを何段も積みあげて、上からシロップをかけてみれば、誰もがそれをケーキの仲間だと認めるにちがいない。

ところが、定義するのがさらにむずかしいものがある。ゆるい生地《バッター》やパン用の固めの生地《ドウ》ではなく、それ以外の生地から作られるケーキである。たとえば、クランペットやマフィン、クイックブレッド、コーンブレッド、ビートンビスケット［アメリカ南部の丸いパン、別名シービスケット（船員用堅パン）］などがそれにあたる。

いずれも魅力的な食べ物だが、これらは正確にいうとパンケーキではない。スコットランドのバノック（オートミールで作った丸形の薄焼きケーキ）とオーバン・クラウディー（オートミールで作った粥）は共通の起源をもっているものの、パンケーキといっしょにすべきではない。一方、小さくて甘いことで知られるスコットランドのパンケーキ（スコットランドの高地地方以外ではドロップスコーンと呼ばれている）は、真のパンケーキだといえる。ニュージーランドのパイクレットも、同じくパンケーキに分類できる（パイクレットという魚のカワカマスも意味するが、ここでは小型のパンケーキのほうをさしている）。

◉パンケーキの定義

ここまで、ヨーロッパ中心の用語を使って、パンケーキを次のように定義してきた。なんらかのでんぷん質の生地《バッター》を、フライパンあるいはそれに類する調理器具で焼いた平たい食べ物であり、膨張剤を使うこともあれば、使わないこともある。

でんぷん質の生地という点に着目すると、欧米では日常的にあまり食卓にのぼらないようなものも思い浮かぶ。ラトケ（ス）と呼ばれるポテト・パンケーキを知っている人も多いだろう。ラトケは、ユダヤ教の年中行事であるハヌカーの祭りの際に食されるものとして知られている。ジャガイモを千切りにして成形し、油で揚げる。すると、いわゆるハッシュブラウン（ハッシュドポテト）ができあがるわけだが、ゆるい生地にジャガイモを加え、パンケーキとまったく同じように焼く場合もある。その場合、異なるのは大きさと食感だけである。ラトケも基本的にパンケーキと類似のものだと認め、仲間に加えたほうがよいだろう。

スウェーデンのラッグムンク（raggmunk）にも同じことがいえる。ラッグムンクは、おろし金でおろしたジャガイモ入りのパンケーキだ。豆を材料とするアフリカのアカラ（akara）や、新世界［南北アメリカなど、15世紀末以降に新しく発見された大陸］で食べられているアカラの仲間も、ゆるい生地から作られ、食感や全体の感じがラトケに似ている。ひよ

アカラ。ササゲ豆から作るアフリカのパンケーキ。

こ豆を材料とする南フランスのソッカ（socca）もパンケーキの仲間として歓迎したい。ソッカはオーブンで焼かれることもあるが、クレープ用の平らなグリドルを使って焼かれることが多い。

これ以外にも、パンケーキの仲間に迎え入れることに異論はないと思われるものがたくさんある。フランスのクレープ（もともとは「クリスプ（カリカリに焼いたもの）」の意）、ブルターニュのソバ粉のガレット、ロシアのブリヌイ、北欧の丸いエーブレスキーバ（aebleskiver）やプレッタル（plättar）。そしてもちろん、ハンガリーのパラチンタ（palacsinta）。

そのほかにも数多くの仲間があげられる。テフというイネ科の穀物を材料とするエチオピアのインジェラ（injera）や、米と豆を材料とする南インドのドーサ（dosa）、トウモロコシを使ったベネズエラのカチャパ（cachapa）、日本のお好み焼きや、どら焼き、タイのパク・モー（pak moh）なども見落とすわけにはいかない。

忘れてならないのは、パンケーキには甘いものもあれば塩味のものもあり、手の込んだものもあれば簡素なものもあるという点である。そして、どんな食事の際にも、どんな場面でも食される。反論の余地があることを十分承知のうえでいうと、世界中でみられる無数のレシピや調理方法を見わたしてみると、「普遍的で正統的なパンケーキ」といえるものはほと

戸外でパンケーキを焼くネイティブ・アメリカンの女性

んど存在しないといえる。

できるだけ多くのものをパンケーキに含めたいという熱意があふれんばかりにあったとしても、パンケーキを正確に定義するにあたっては、最後にひとつ難問が残る。もともとはパンケーキだったものが、のちにまったく別のものに変わってしまったものを、どのように分類すればよいのだろうか。

たとえば、エジプトのカティーフ（katief）は片面だけ焼いたパンケーキであり、それに木の実やカスタードクリームなどをのせて、口をとじて油で揚げたものである。イタリアのカンノーリ（cannoli カンノーロともいう）やチーズ入りのブリンツなども、同じ部類に属すると考えられる。巻いたクレープとのちがいは、短時間、油で揚げてある点だけなのだが、これらを初めて見た人は、パンケーキだとは思わないだろう。したがって本書では、もともとパンケーキであり、最終的にもパンケーキだと見てわかるようなものだけを取り上げることにする。

繰り返すと、本書ではパンケーキを次のように定義する。なんらかのでんぷん質の材料をもとにした生地から作られる平たい食べ物であり、通常、少量の油をひいた平らな調理器具の上で焼かれる。そして、わずかに気泡を含んだものから、かなりふわふわしたものまで気泡の量はさまざまだが、内部はやわらかく、しなやかであるという点で共通している。ぱりっと揚げたフリッターや、ドーナツ、ウエハース、巻いてから揚げた菓子、ワッフルのたぐいも、本書でいうところのパンケーキの分類からは除外される。

◉理想のパンケーキ　その1――材料

パンケーキはどんなふうに作るのが理想的だろうか。この問いに対しては、作る人や食べる人の数だけ答えがある。かつてわたしは、大学院生として5年ほどすごしたとき、毎朝かならずパンケーキを焼いていた。そんなわたしがやっとのことで手に入れたこつを、ここで披露してみよう。

用意する粉は、薄力粉、全粒粉、コーンミール（粗びきのトウモロコシ粉）、ソバ粉、ライ麦粉、栗粉など。どれを選んでも、すばらしいパンケーキができる。あるいは大豆粉（きな粉）を使っても、おもしろいパンケーキができる。軽めの食感に仕上げたい場合は卵の量を減らす。材料の理想的な割合は、小麦粉2カップ（250グラム）に対して卵1個、牛乳2カップ（235ミリリットル）、重曹小さじ1。

これはアメリカ式パンケーキの基本的なレシピだが、分量に関しては数えきれないほどのバリエーションがある。たとえば、19世紀の偉大なシェフ、アレクシス・ソイヤーのレシピでは、大さじ4弱の小麦粉に対して卵を4つ、砂糖大さじ2、牛乳470ミリリットルと、小麦粉の量が極端に少ない。これではオムレツになってしまうのではないかと思う人が多いかもしれないが、このレシピは18世紀から19世紀にかけての典型的なパンケーキのレシピなのである。

一方、生地の濃度についていうと、個人の好みや、場合によっては国ごとに異なる好みの問題だといえる。薄いパンケーキが好みなら、牛乳の量を増やす。大きなパンケーキをひとつ作りたいときは、1個分の卵白に、小麦粉1カップ（125グラム）と適量の牛乳を加える。バターミルクや少量のヨーグルトを加えてもよい（これらに含まれる酸が、ベーキングパウダーの発泡を助ける）。サワーミルク［酸化させた牛乳］が使われていたこともあるが、多くの国で低温殺菌が義務づけられるようになって以来、牛乳の酸化は腐敗を意味するようになった（サワーミルクの酸味は、いわゆる善玉菌による酸味ではない）。

レシピによっては生地に油脂を加えるものもあるが（ふつうは溶かしバター）、焼きあがったパンケーキにバターをのせるか、あるいはまったく加えないほうがよい。そうでないと、食べたときに油っぽさが鼻についてすぐに飽きてしまう。乳製品のかわりに水やワインを入れてもよい。あるいは理屈のうえではどんな液体でもよい。

生地に砂糖を入れるかどうかも好みの問題だが、砂糖を入れると、できあがりが重たい感じになったり、焼くときに焦げやすくなったりする。色素を加えてみるのもおもしろい。生地をフライパンに流しこんだ直後に、好みの色素を数滴、生地の上にたらす。そしてすぐさま、つまようじかなにかで渦を描くように混ぜると、美しい大理石模様のパンケーキができあがる。

◉理想のパンケーキ　その2――作り方

生地にはどんな具材を加えてもかまわない。ただし、具材を生地のなかに入れてかき混ぜてしまうと、加えた具がフライパンと直接触れて焦げやすくなる。かわりに、最初に生地を

パンケーキの生地に描かれた模様は、子供たちを魅了する。

ブルーベリー・パンケーキは、焼くときに生地のなかにブルーベリーを沈めるようにして作ると、おいしく焼きあがる。生地のなかからブルーベリーが顔をのぞかせる。

フライパンに流しこんでから、その上にベリー類やチョコレートチップなどをのせたほうがよい。そうしておいて、ナイフの先などを使って生地のなかに沈める。この手順を踏まないと、ブルーベリーが生地のなかでつぶれ、見た目が悪くなる。同様に、チョコレートチップもフライパンにくっつきやすくなる。

塩気のある材料の場合、この手順はそれほど重要ではない。ネギやチャイブ（セイヨウアサツキ）などは、別に炒めて、できあがったパンケーキの上にのせる。味の冒険をしてみたい人は、いろいろな具材を試してみよう。たとえば、木の実や残り物の野菜、おろしたチーズ、スモークサーモン、ベーコンなど。これらはすべて、生地に混ぜてもよいし、焼きあがってから具として巻いてもよい。ただし、生地に直接混ぜるときは、具材をあまり大量に入れすぎないように気をつけないと、焼いたときに生地がうまくまとまらなくなってしまう。

フライパンの上にひく油に関しては、バターが理想的だが、生地がフライパンにくっつかない程度の量にとどめておかないと、焼きあがりが油っこくなってしまう。植物油やラード、ベーコンの脂でもよい。塩味のパンケーキの場合、鴨の脂を使うと、できあがりがすばらしいものになる。

ノンスティック・フライパン［テフロン加工などが代表例］を使うと油の量を減らせるが、熱伝導率はよくない。鋳物の場合、焼くには適しているものの、パンケーキを空中に放り投げるようにして裏返すのがほとんど不可能になる。とはいえ、パンケーキを空中で裏返す利点はあまりない。調理台を汚してしまうことにもなるだろう。フライ返しを使って、やさしくひっくり返したほうがよい。パンケーキを2回以上ひっくり返すのはよくないと主張する人もいるが、たんなる迷信にすぎない。

次に述べるようなアドバイスは、こうるさい感じに聞こえるかもしれないが、あらゆる種類のパンケーキで確実によい結果を生む。パンケーキを何枚か焼いて、それを食べる直前まであたたかく保っておきたい場合、焼きあがったそばからむやみに積みあげていくと、焼いたばかりのパンケーキからでる湯気が下のほうにまで行きわたり、全体が湿っぽくなってしまう。そんなときは、あたためたオーブンのなかに入れるとよい。たとえ一枚しか焼かない場合でも、蒸気がおさまるまでオーブンのなかでひと休みさせると、おいしく食べられる。わたしだけかもしれないが、焼きあがったパンケーキを空中でひらひらと振って、ある程度さましてから皿に盛ることもある。

●パンドケーキ

これまでに作ったり食べたりしたなかで、大好きなパンケーキがひとつある。いわゆる型どおりのパンケーキではなく、どちらかというとスフレに近く、作り方もかなり込みいっているが、作ってみる価値は十分にある。読者のみなさんにもぜひおすすめしたい。じつをいうと、わたしは計量を病的に毛嫌いしている。そのため、分量の正確さに関してはあまりあてにならないが、それでもここで自分好みのパンケーキを紹介するのを、どうか大目にみてほしい。

水分量の多い生地を焼くと、当然のことながら薄いパンケーキができあがる。それに対して、ここで紹介する生地は、とても濃いうえに空気をたくさん含んでいるので、シリコンゴム製のスパチュラ（へら）などを使って、ボウルから静かにフライパンに移す必要がある。

◎パンドケーキ（Panned-Cake）――約一人前

卵黄1個を大きなボウルに入れ、色が薄くなるまで混ぜ、未精製の砂糖を1さじ加えてよく練る。そこに天然のバニラエッセンスを数滴加える。次に、適量の小麦粉（1カップ以下）をふるって入れる。その際、あらかじめベーキングパウダー小さじ1弱と、塩少々、すりおろしたばかりのナツメグ（ごく少量）を加えておく。

別のボウルで卵白を泡立て、ほんのわずかのクリーム・オブ・ターター（酒石酸水素カリウム）を加えて、かなり固めのメレンゲを作る。卵黄と粉類の入ったボウルに適量のバターミルク（あるいは、ふつうの牛乳）を加えながら、濃いめの生地にする。あまり混ぜすぎてはいけない。その生地に、泡立てた卵白をそっと混ぜる。

ノンスティック・フライパンを強火で熱して、バター少々を溶かし、そこに生地のかたまりを慎重にのせる。火を弱め、生地には触らずに、表面に小さな気泡ができはじめるまで待つ。すると、だんだんふくらんでくる。裏返すときは空中に放り投げてはいけない。含まれている空気が逃げてしまうし、生地があちこちに散らばってしまう。かわりに、できるだけ大きめのフライ返しを使って、生地をやさしく裏返す。

琥珀色の本物のメープルシロップを小さな器に入れて添え、焼きたてを熱いうちに食べる。指先で直接つまんで食べるのがよい。メープルシロップのかわりに、粉砂糖、シナモン、ココアパウダーなど、好みのものをかけて食べてもよい。

◉パンケーキの原形

人類の誕生後、初期の段階でどのような調理方法が使われていたのか、考古学者といっしょに考えてみよう。

最初に、浅く掘った穴や、たき火のまわりで焼く方法が登場したのは、まずまちがいないだろう。次に、水が漏れないように編んだかごに、熱した石を入れて食材を煮るようになった。しかし、それ以外にも原始的なグリドル（おそらく平らな石）なども使われていたはずだ。石の表面に動物の脂を塗って食材を蒸し焼きにしたり、最初の生地をプロメテウス［ゼウスから火を盗んで人間に与えた、ギリシア神話の英雄］がもたらしてくれることを期待したりしていたにちがいない。野生の穀物や、塊茎《かいけい》植物［ジャガイモのように、地中の茎が養分をたくわえて塊状になったもの］を乾燥させて、細かく砕いて水分を足す。そうすることによって、最初のパンケーキが作られたと考えられる。

その後、肥沃な三日月地帯［地中海東部からペルシア湾に及ぶ農業地帯］で小麦の栽培がはじまり、アメリカではトウモロコシ、アジアでは米が栽培されるようになった。それ以外にも、でんぷん質の植物が世界中で栽培されるようになると、さまざまな形のパンケーキが作られるようになっていった。

新石器時代の疲れ果てた農家の妻を想像してみよう。彼女は、日々の粗末な食事を少しでも豊かにできないものかと頭を悩ませていた。あるとき、ふとひらめいて、粗末な容器に残っていたオートミールの粥を、たき火の近くにあった石の上に広げてみた。すると、パリパリ感がありながら、同時にやわらかさもある円盤状のものができあがった。ふわふわして、一見するとすぐになくなってしまいそうだが、食べごたえがあり、おなかが満たされる。こうして、現在のパンケーキに通じる食べ物の原形が誕生したのである。

それからほどなくして、この円盤状の食べ物が、とろみのついたソースをすくって食べるのにちょうどよいことがわかった。また、塩味の食べ物を包んで食べるようにもなった。そうすれば、手を汚さずに口に運べるからだ。

パンケーキが持ち運びにも適していることがわかると、巻いたクレープの原形と呼べるようなものが、村や町の人通りの多い十字路で売られるようになっていった。さらには、パンケーキの生地に直接ブルーベリーなどの具材が加えられるようにもなった。場所によって

レンブラントの有名な作品（17 世紀）には、パンケーキを焼く様子が描かれている。

は、タマネギ、干しエビ、豚肉といった食材も使われた。要するに、生地のなかに入れられるものであれば、どんなものでもよかったのである。

パンケーキは値段も安く、栄養価も高いため、大規模な建造物の工事現場で働く肉体労働者に好まれた。また、富裕層や権力者のおかかえ料理人は、雇い主を喜ばせようと、洗練されたパンケーキのレシピに頭をひねった。粗末な小屋から壮大な宮殿にいたるまで、どこへ行ってもパンケーキは抜群の人気を博し、簡単に作れて立派な食事にもなることから、子供から大人まで、誰もが愛する食べ物となった。

ところが不思議なことに、パンケーキのレシピは文献にはほとんど記録されておらず、あったとしてもその数は非常に少ない。歴史的文献に書き残されたのは、おそらく材料が高価だったり、作り方が複雑だったりする料理に限られていたからだろうと思われる。パンケーキという単語が登場するのは、中世後期まで待たなければならない。しかも当時は、「パンケーキ」という単語が必ずしもパンケーキを意味しているわけではなかった。

●古代ギリシアのパンケーキ?

残念ながら、パンケーキが最初に作られたのはいつなのかという点については、歴史的記録が残っておらず、初期のころのパンケーキに関する記録もない。いにしえの著述家たちは、古代ローマ人が神へのささげ物として使った平たいケーキ、たとえばリーブム［チーズケーキの一種］などについては、くわしい記述を数多く残している。また、古代イスラエル人（ヘブライ人）も、パンケーキに近いものを神にささげていたことが文献に記されている。旧約聖書の歴代誌上23章29節には、レビ人が「供え物のパン、穀物の捧げ物用の小麦粉、酵母を入れない薄焼きパン、鉄板、混ぜ合わせた小麦粉、すべての量と大きさについても責任を負った」という記述がある。

こうしたもののひとつに、古代ギリシア人が作っていたピラコウス（plakous）というケーキがある。ピラコウスという単語には「平たい」という意味がある。おもしろいのは、これがラテン語で「プラケンタ placenta」（ギリシア語の plakounta〈対格形〉に由来する）として知られるようになったことである。近代英語で胎盤にプラセンタ（placenta）という単語があてられるようになったのは、胎盤の形が古代ギリシアのパンケーキの形と似ていることに由来する。

ここにあげたケーキのいくつかは、作り方はパンケーキのような感じだが、原材料からするとチーズケーキに近いものだった（はちみつ、チーズ、小麦粉を材料としていた）。古代ギリシアには、アテネ人のあいだでタゲニタイ（tagênitai）、小アジアのギリシア人のあいだでテガニタイ（têganitai）と呼ばれる食べ物もあった。どちらもギリシア語のテーガノ（tegano フライパン）という単語に由来し、文字どおりの意味はパンケーキということになる。

医学者ガレノスが書いた『食物の諸特性について *Alimentorum Facultatibus*』という書物のなかで言及されており、小麦粉と水の生地《バッター》（あるいは生地《ドウ》）を、何度かひっくり返しながら油で揚げて作られる。はちみつ、または植物油を混ぜてもよいとガレノスは付け加えている。おもしろいのは、ガレノスが地方で暮らす人々や、非常に貧しい都会の人々と親交が深かった点である。彼らはありあわせの材料を使って平たいケーキを焼いていた。ガレノスがいうには、こうした食べ物はすべて、胃の活動を抑制し、濃い液体（栄養分を意味する）を生成する。要するに、こうしたケーキはかなり消化の悪い食べ物だというのである。

ガレノスの本にはレシピは掲載されておらず、たしかなことはいえないが、これらはパンケーキの最初期のかたちではないかと思われる。ガレノスがそのうちのいくつかを「流し入れるケーキ（pour-cakes）」と呼んでいることから判断すると、ゆるい生地を流し入れて作っていたことはまちがいない。

◉平たいパン、ラガヌム

ラガヌム（laganum）と呼ばれる、別の種類の平たいパンも作られていた。ラガヌムがどのようなものだったかについては、専門家のあいだで意見が分かれている。ラザーニャの原形だと主張する人もいる（語源的には関連がある）。ただし、ラガヌムには茹《ゆ》でる工程は含まれていない。ラガヌムという単語はのちにパンケーキと訳されるようになったが、おそらく、水分量の少ない、平たい生地《ドウ》が使われていたのではないかと推測される。

ラガヌムが具体的にどのようなものだったのかは誰にもわからない。1483年に刊行された英語＝ラテン語辞典 *Catholicon Anglicum* によると、パンケーキは「オパクム（opacum）」あるいは「ラガヌム（laganum）」と訳されている。「オパクム」という単語は、英語のシェイディ（shady 陰になった、薄暗い）や、オウペイク（opaque 光を通さない、不透明な）という単語と関連があるが、真の意味は謎のままだ。名前や形態から考えると、傘のようなものが思い浮かぶが、それはあくまでも推測にすぎない。ともかく、この単語をパンケーキの意味で使っていたのは、中世のヨーロッパ人だけであり、古代の人々は使っていなかった。

◉アキピウスのスポンジケーキ

アピキウスが書いたとされる最古のラテン語料理書には、「牛乳を使った卵のスポンジケーキ ova sfongia ex lacte」というレシピが紹介されている。これは現代のパンケーキに近い。材料は、卵4個、牛乳1ヘミナ（hemina 2分の1パイント、240ミリリットル）、植物油1オンス（約28ミリリットル）。材料をすべて混ぜ、油をひいた薄い鉄板で焼く。片面が焼きあがったら裏返し、コショウとはちみつをかけて食べる。小麦粉は入っていないので、ふわふわしたオムレツのようなものになる（レシピには「パンケーキではない」と書かれている）。また、現代の著者のなかには、アピキウスの時代にパンケーキは「alita dolcia」（「第二のお菓子」の意）という名前で知られていたと主張する人もいるが、そのレシピは揚げたポレンタそのものにほかならず、パンケーキとは似ても似つかない［ポレンタとはトウモロコシ粉に水またはスープを加えて火にかけ、練りあげたもの］。

◉カリカリのクレープ

パンケーキに類するレシピが最初に登場するのは中世になってからであり、それはフランスのクレープにほかならない。しかし、クレープという単語は、のちにそれが意味するもの（大きくてやわらかな、薄いパンケーキ）とはちがっていた。驚いたことに、クレープ（crêpe）という単語自体は、クリスプ（crisp）という単語を語源としており、カリカリに揚げて食べるフリッターの原形とつながりがある。

フリッターはラテン語ではクリスピス（crispis）と呼ばれていた（クリスピスは「渦巻き状の」という意味であり、おそらく当時のクリスピスは渦巻きのような形だったにちがいない）。イタリア語では、クリスペッリ（crispelli）、あるいはクリスペッレ（crespelle）として知られるようになり、クリスペッレという単語は現在も使われている。ただし、クレープと同じように、クリスペッレもかつては揚げたフリッターを意味していた。薄いパンケーキを意味するようになったのは、のちになってからのことである。

最初のクレープのレシピは、中世フランスの宮廷料理本には記されていない。おそらくクレープは、庶民が食べる下級の食べ物とみなされていたからである。パリで暮らす年配の男が、自分のもとに嫁いでくる若い娘のために、さまざまなアドバイスを記すという設定で書かれた『パリの食べ物 *Le Mengier de Paris*』という中世の本のなかで、クレープのレシピが取り上げられている理由もそこにある。

じつをいうと、クレープには2種類のレシピがある。ひとつは、小麦粉、卵、水、塩、ワインを混ぜただけのシンプルなもの。材料をすべて混ぜ、このクレープ専用に作られた、底に穴がひとつあいたボウルに生地を入れて、高温に熱したラードか、ラードとバターを混ぜたもののなかに落とす。食べるときは粉砂糖をまぶす。縁が垂直に立った、背の高い鍋を使うようにと書かれているということは、これはパンケーキでもなければ、わたしたちが知っているクレープでもなく、ファネルケーキであることを意味している。

一方、「トスカニーのギーズ風クレープ」は、作り方が少し複雑で、長いあいだ作られ続けてきた料理であることを示唆している。

まず、容量が1クォート（約1リットル）ほどの銅製の鍋を用意する。縁がまっすぐに立ちあがっていて（あるいはあまり広がっておらず）、指3本半から4本分の深さがあるものがよい。

最初に有塩バターを溶かす。上に浮いてきたものはすくって捨てる。沈殿物は残したまま、上澄みだけを別の鍋に入れる。そこに、バターと同量の上質で新鮮なラードを加える。次に、卵を割り、白身の半分を取り除く。残った卵（黄身と白身）をよくかき混ぜる。

白ワイン4分の1から3分の1を加えて混ぜる。できるだけ粒子の細かい小麦粉を、かき混ぜながら少しずつ加える。ひとり、あるいはふたりで交代しながら、疲れきってしまうぐらいかき混ぜる。生地の濃さは薄すぎても濃すぎてもよくない。指1本分ほどの穴から、するすると落ちるぐらいの濃さに調整する。

次に、バターとラードをいっしょに火にかける（1対1の分量にするとちょうどよい）。そして、底に穴の開いたボウルか木製のレードル（お玉杓子）に生地を入れ、鍋に流しこむ。最初は鍋の真ん中に落とし、だんだん外側に広げていき、鍋いっぱいになるまで広げる。別のクレープを作っているときも、生地をかき混ぜる手を休めてはいけない。

鍋のなかのクレープは串か棒のようなもので裏返し、火が通ったら皿に盛り、ふたたび別の生地を鍋に落とす。生地をつねにかき混ぜ続けるのを忘れないようにする。

このレシピどおりに作ると、いわゆるパンケーキと呼べるようなものができあがる。ただし、裕福な家庭だと鍋底から数インチ［1インチは約2・5センチ］ほどの油を入れて作るので、できあがったものはフリッターと変わらない。それほど裕福でない家庭では、大量の油を使う余裕はないので、おそらくパンケーキの原形と呼べるようなものを作っていたはずだ。

中世の別の文献にも、似たようなお菓子が登場する。たとえば、ウエーファー（薄焼きパン）に近いオベリアス（obelias）やミステンベック（mistembec）などがある。ただし、これらはふつう、長い柄のついたワッフル専用の調理器具を使って作られる。

これまでの話をまとめると、クリスプと呼ばれていた中世のクレープは、ある程度カリカリとした食感のものだったと思われる。たとえば、当時イタリアで出版されたラテン語の料理書『料理の本 *Liber de coquina*』には、「デ・クリスピス（De crispis）」という簡単なレシピが紹介されている。精白した小麦粉にお湯を混ぜ、イーストを加えて醱酵させてから、高温に熱した油で揚げる。食べるときは、はちみつをかける。

これらはすべて、やわらかいパンケーキにかなり近い食べ物だといえるが、どのような経緯で、そしていつ、油の量が減らされ、カリカリに揚げなくなったのかについては、はっきりとはわからない。南ヨーロッパでは、おそらくパンケーキは未発達のままであり、中世後期から近世初期にかけて、じつにさまざまな種類のフリッターが作られていた。

◉パンケーキ登場

現在のクレープと同じものが最初に文献に登場するのは、1540年代に書かれた『最高の料理書*Livre fort excellent*』という書物のなかのレシピであり、「crespes faictes en poelle」と名づけられたものは、粒子の細かい小麦粉、白ワイン、卵白を混ぜ、澄ましバターをひいたフライパンで焼きあげる。この料理書は、中産階級の一般市民向けに書かれたものなので、これは前に述べたような手軽に作れるクレープだった可能性がある。ただし、バターの量については言及されていない。

ハーリー写本279番は、イギリス初のパンケーキのレシピとしてあちこちで引用されているが、じつをいうとこの本は、料理本のなかで初めてパンケーキという単語を使ったにすぎない［ハーリー写本とは、イギリスの政治家ロバート・ハーリー（1661−1724）とその息子エドワード（1689−1741）が集めた写本文庫］。レシピ自体は、卵黄、ペポカボチャ、スパイス、（好みで）刻んだ豚肉あるいは子牛肉を使った、「タワーズ（Towres）」という料理のレシピである。

卵白は、漉《こ》してからパンケーキのように焼く（「少量の卵白をフライパンに流し入れて全体に広げれば、パンケーキとなる」）。次に、混ぜた卵黄をその上にのせて焼く。固まってきたら、折りたたんで四角く形を整える。ということは、実際にはオムレツのようなものだといえる。

この写本には、パンケーキに類するレシピがたくさん紹介されていて、中世のクレープも

フランスの画家ジュール・ブノア・レヴィの作品には、パンケーキを食べさせるブルターニュのタバーン（居酒屋）が描かれている。

含めて「クリスプ（Cryspe）」と呼ばれている。生地は基本的にパンケーキの生地（卵白、牛乳、小麦粉、イースト、砂糖、塩）であり、熱した油に手で生地をたらし（指のあいだから生地を落とし）、火が通ったら取り出して油をきる。これもまた、正確にいうとパンケーキではなく、ファネルケーキ、あるいは前述したフリッターに近い。

結論をいうと、中世のレシピには真のパンケーキと呼べるものはなかったが、だからといって、パンケーキを作ったり食べたりしていなかったというわけではない。

パンケーキと呼べるもののレシピが、（とくに北ヨーロッパで）ひんぱんに登場するのは、近世初期になってからのことである。『新・料理読本 *A Proper Newe Booke of Cokerye*』には、フリッターに似た料理が数多く紹介されているが、パンケーキのレシピはひとつもない。ただし、「vautes」という料理のレシピに、卵を「パンケーキのように焼く」という一節がある。そしてその上に、子羊の腎臓、卵黄、デーツ［ナツメヤシの実］、干しブドウ、スパイスをのせる。おもしろいのは、「vautes」という単語がフランス北東部でいまでも使われていて、ロレーヌやアルデンヌ地方ではクレープを意味している点である。

1588年に出版された『すてきな主婦の手作り料理 *Good Huswifes Handmaide for the Kitchen*』という本には、英語の書籍で初めて、パンケーキと呼ぶにふさわしいレシピが紹介されている。おそらく、文献に記されたものとしては最古のレシピだと思われる。親指大のバターを使い、フライパンを傾ける手法が使われているということは、これが油で揚げたフリッターではないことを意味している。

ただし、この料理はかなりぜいたくなものであり、わたしたちが食べ慣れているパンケーキとはだいぶちがう。残念ながら、レシピどおりに作ると、できあがりはよくない。レシピには「ひとつかみの小麦粉」と書かれているが、生地をまとめるにはそれ以上の小麦粉が必要になる。著者が分量を勘ちがいしてしまったか、あるいは著者の手が巨大だったのか、どちらかとしか思えない。小麦粉の分量を増やし、なおかつゆるめの生地を作ると、じつに食欲をそそるパンケーキができあがる。とてもやわらかく、縁の部分がカリカリのパンケーキだ。しかし2枚以上食べるのは無理がある。

◎**パンケーキの作り方**

あらかじめ、生クリーム1パイント（約570ミリリットル）、4〜5個分の卵黄、手のひらに山盛りの小麦粉、スプーン2〜3杯のエール［上面醱酵ビールの一種］をふるいにかけておく。次に、砂糖を手のひらに山盛り1杯、シナモンをスプーン1杯、ショウガ少々を加える。

フライパンを火にかけ、親指大のバターを溶かす。バターが茶色くなったら、フライパンから余分なバターを取り除く。レードルを使って生地をフライパンの奥に流しこみ、フライパンを傾けながら、できるだけ薄く全体に伸ばす。

フライパンをふたたび火にかけ、弱火で焼く。片面が焼けたら裏返し、焦げ目がつく一歩手前まで火をとおす。

柄の長いフライパンで焼かれるパンケーキと、それを食べる子供たち。

◉17世紀のパンケーキ

17世紀には、『英国の主婦 *The English Housewife*』という本のなかでジャーベイズ・マーカムがパンケーキのレシピを紹介している。このレシピは、前述のレシピとは美的観点から対極に位置する。前述のレシピが華麗で派手やかなエリザベス朝のレシピであるのに対して、こちらは飾り気がなく、禁欲的とさえいえる。

マーカムが述べているように、生地に卵と水だけを使っているのでパリッと焼きあがるが、スパイスを興味深く組み合わせているとはいえ、胃にかなり重たい感じになる（おもしろいことに、このふたつのレシピを組み合わせると、現代のパンケーキのようなおいしいパンケーキができあがる）。

◎とっておきのパンケーキ

とっておきのパンケーキを作るには、卵2～3個を割り、よくかき混ぜる。次に、きれいな水道水をかなり多めに加え、十分に混ぜてから、クローブ、メース、シナモン、ナツメグ、塩を加える。粒子の細かい小麦粉を加えて、適度な濃さの生地を作る。続いて、無塩バターかラードで茶色くなるまで焼く。焼きあがったら皿に盛り、砂糖をふりかける。
新鮮な牛乳や生クリームを生地に加える人もいるが、そうすると固くて食べにくいパンケーキになる。パリッと焼くには、新鮮な水を加えたほうがよい。

生クリームに関して、王党派のロバート・メイは別の意見を述べている。ユリの紋章の大半が金箔で飾られた、『完璧な料理人 *The Accomplisht Cook*（1660年）』という本のなかで紹介されているパンケーキの材料は、生クリーム3パイント（約1・7リットル）、小麦粉1クォート（約1・1リットル分）、卵8個、ナツメグ3個、澄ましバター2ポンド（約900グラム）。かなりギトギトした感じの生地になる。焼きあがったら砂糖をまぶして食べる。

いうなれば、バロック式パンケーキの典型とでも呼べるようなパンケーキだ。まるで、智天使ケルビムといっしょに雲のあいだを飛んでいるような気分になる。公平を期するためにいえば、ロバート・メイは、水を使ったレシピや、クリームとバラ水を使ったレシピも紹介している。ただし、いずれも香辛料の分量がかなり多い。

アドリアーン・ブラウエル「パンケーキ職人」1620 年代中頃。油彩／板。

◉オランダのパンケーキ

パンケーキの最初期のレシピを見つけるには、無類のパンケーキ好きで有名な、オランダ人が書いた文献を探してみるとよいかもしれない。オランダの古い料理書『標準料理読本 *Een Notabel boecxken van cokeryen*』（1514年ごろ）には、実際に「パンクーケン（panckoecken）」というレシピがある。これとは別に、「ストルイフェン（struyven）」というレシピも紹介されていて、あきらかにこれは、油で揚げたファネルケーキをさしている。

キリスト教の四旬節《しじゅんせつ》［イエスの受難・十字架の死をしのんで修養（斎戒）する、復活祭の前の40日間］に適した料理として紹介されているパンクーケンを作るには、まず、小麦粉にイーストを混ぜる。ゆるい生地《バッター》ではなく、固めの生地《ドウ》を作り、できるだけ薄く伸ばす（はっきりとは書かれていないが、おそらく棒状の道具を使用する）。おもしろいのは、焼くときに菜種油を使う点である（四旬節のあいだはバターやラードを使うことが禁じられていた）。

パンクーケンには干しブドウや刻んだリンゴを入れてもよい。名前はパンケーキに近いが、パンクーケンは平たいパンのようなものだといえる。ただし、レシピのなかの「かたまり」という表現が、生地《バッター》を意味しているのか、生地《ドウ》を意味しているのかによって解釈がちがってくる。

ブルターニュのクレープ・スタンド

真のパンケーキと呼べるレシピが見つかるのは、17世紀のオランダをおいてほかにはない。オランダ人は、現在のパンケーキを発明したのは自分たちだと主張できるかもしれない。『賢明な料理人 *De Verstandige Kock*』という本には、3つの魅力的なレシピが紹介されている。

いちばん簡単なレシピの材料は、小麦粉1ポンド（約450グラム）、全乳［脱脂していない牛乳］（約570ミリリットル）、卵3個、砂糖少々。フローニンゲル・パンケーキ（Groeninger Pancake）というレシピもこれとよく似ているが、干しブドウ1ポンド（約450グラム）とシナモン少々を加えて、バターで焼く点が異なっている。しかし、「最高のパンケーキを焼くには」、卵5～6個を新鮮な水と混ぜ（ここでもやはり、牛乳や生クリームだと焼きあがりが固くなるので水を使う）、クローブ、シナモン、メース、ナツメグ、塩少々、最上級の小麦粉を加える。焼きあがったら砂糖をまぶす。このレシピは、マーカムのパンケーキとほとんど変わらない。ここで紹介した3つのレシピのなかでは、最初のレシピがおすすめだ。

クリスプではなく、パンケーキであることを確実に確認するには、この時代のオランダの絵画を見てみればよい。とくに、ヤン・ファン・ベイレルト作の『パンケーキをもつ女』は、これらのレシピが書かれたのと同じ17世紀の中ごろの作品であり、参考になる。

この絵には、うつろな目をした寂しげな女性が、錫《すず》合金製の皿の上に積みあげられた、向こう側がほとんど透けて見えるほど薄いパンケーキを右手にもつ姿が描かれている。テーブルの上には飾り気がなく、パンケーキの横に赤ワインの入ったグラスが置かれているだけだ。熱心な美術史家であれば、この絵を見て、パンケーキは処女性を象徴していると指摘するかもしれない。

この絵に描かれたパンケーキは、やわらかさがあるにもかかわらず、まだ破れておらず、血を連想させるワインは一滴もこぼれていないからだ。絵のなかの女性は、近々予定されている自分の結婚式に思いをはせながら、できるだけ多くの子供を産むべきだという、キリスト教徒の務めに思いをめぐらせている。あるいは、ただたんにパンケーキのことを考えているだけなのかもしれない。

オランダ人は別の種類のパンケーキも生みだした。たとえば「フレンシェ（flensje）」は、醱酵していない生地で作った、薄いクレープのようなパンケーキだ。北欧のエーブレスキーバのような、多数の丸いくぼみのあるフライパン――「ポッフェルチェス（poffertjes）」あるいは「ボレブイチェス（bollebuisjes）」と呼ばれる――を使って作るパンケーキもある。

オランダ人が新世界、すなわちニューネーデルラント（現在のニューヨーク）に渡ったとき、クッキーやワッフルとともに、これらのパンケーキをアメリカ大陸に伝えたという説もある。たしかにオランダ人は、アメリカ人がパンケーキ好きになるきっかけを作ったかもしれないが、パンケーキ自体は、17世紀にすでにパンケーキと呼べるものを作っていたイギリス人によって、アメリカにもたらされた可能性も否定できない。

◉アメリカとイギリスのパンケーキ

18世紀に入ると、英語の料理書にパンケーキがひんぱんに登場するようになる。アメリカで最初に出版された料理書のひとつに、E・スミス著『完璧な主婦 *The Compleat Houswife*』がある。

この本には、クリーム1パイント（約570ミリリットル）、卵8個、細かくおろしたナツメグ1個分、塩少々、溶かしバター1ポンド（約450グラム）、サック酒少々（シェリーなど）を使ったレシピが紹介されている。これに小麦粉を3さじ分だけ加える。焼きあがると、かなり濃厚で、なおかつ薄いオムレツになるが（食べるときに砂糖をまぶす）、現在のパンケーキとはまったくちがう。「米粉のパンケーキ」というレシピもある。これはいくぶんパンケーキに近いものの、生クリームとバターを大量に入れ、米粉と小麦粉で生地を作る。

これよりも少し前に書かれた、メアリー・ケッティルビー著『３００種類以上のレシピ集 *A Collection Above Three Hundred Receipts in Cookery*』（１７１４年）には、パンケーキを紙のように薄く焼いて、それを積み重ねて食べるレシピが紹介されている。しかしここでも、小麦粉の量が少ないために、パンケーキの生地とはかなり異なった生地になっている。

用意する材料は、生クリーム１パイント（約５７０ミリリットル）、卵８個（２個分の卵白を取り除く）、特上の小麦粉３さじ、サック酒３さじ、オレンジフラワーウォーター数さじ、砂糖少々、ナツメグの粉末、バター４分の１ポンド（約１１０グラム）。これらをすべて混ぜる（あらかじめ小麦粉を少量の生クリームと混ぜておくと、生地がなめらかになる）。

フライパンにバターを熱し、パンケーキの生地を入れて、できるだけ薄く伸ばす。片面が焼けたら、破れないように気をつけながらフライパンから取りだし、できるだけ均一に、粉砂糖をふるいながらふりかける。分量どおりに作ると20枚のパンケーキが焼ける。

大西洋の両端に位置する国々で、17世紀に最も人気のあった英語の料理本、ハンナ・グラ

バターのたっぷり入った壺を傍らに置いて、パンケーキを焼くオランダの女性。

ス著『料理法 *The Art of Cookery*』（１７４７年）には、正統派のパンケーキのレシピが５つ紹介されている。クルミの実と同じぐらいの分量のバターを使って焼かれるため、揚げ物でないことはたしかだ。

レードル１杯分の生地を流し入れ、「フライパンをまわすようにして生地を全体に広げると、パンケーキになる」と著者は記している。その後、空中に浮かせるようにして生地をひっくり返すか、あるいはやさしく裏返す。こうした記述から判断しても、純粋なパンケーキだということがわかる。ハンナ・グラスのレシピのなかには、小麦粉をスプーン３さじ分だけ使った典型的なレシピもいくつか含まれているが、それ以外のレシピでは、「適当な濃さ」になるように小麦粉を加えるよう指示されている。おそらくこの本は、アメリカに渡った開拓者たちが最初に参照したレシピ集だったと思われる。

また、シャーロット・メイソンによる『婦人の友 *The Lady's Assistant*』（１７７５年）には、「ニューイングランド・パンケーキ」というレシピが紹介されており、当時のアメリカでは独自のパンケーキが作られるようになっていたことを示唆している（ただし、レシピ自体には特別な材料や作り方がみられるわけではない）。

アメリカ初の、生粋のアメリカ人による料理本、アメリア・シモンズ著『アメリカの料理 *American Cookery*』（１７９６年）が出版されるころになると、作り方や材料という点で、パンケーキの輪郭はかなり明確になっていた。そして、その後1世紀ほどのあいだに、昔ながらの材料や、それに代わるでんぷん質の材料を使って、アメリカ独自のパンケーキが焼かれるようになっていったのである。

シモンズの本で紹介されている「フェデラル・パン・ケーキ」のレシピをみてみよう。ヨーロッパで使われている材料と、アメリカ大陸特有の材料が組み合わされている。レシピにある「インディアン・ミール」というのは、トウモロコシ粉をさしている。

ふるいにかけたライ麦粉1クォート（約1・1リットル分）、インディアン・ミール1クォートをよく混ぜ、塩少々、牛乳4パイント（約2・2リットル）を加えたら、ちょうどよい濃さのパンケーキ生地を作る。ラードをひいたフライパンで焼き、あたたかいうちに食べる。

そのほかにも、ソバ粉や、ビール、糖蜜などを加えて作るレシピもある。「インディアン・スラップジャック」というレシピでは、牛乳、コーンミール、小麦粉、卵が使われている。シモンズの「ジョニー・ケーキ（別名ホー・ケーキ）」は、オーブンで焼くのでコーンブレッドに近い。

第１次世界大戦中、アメリカ政府はコーンミール（ひき割りトウモロコシ）を食べることを市民に奨励した。栄養価の高い小麦は前線の兵士のもとに送られた。

◉トウモロコシのパンケーキ

トウモロコシのパンケーキは地域によってさまざまなバリエーションがある。ジョニー・ケーキというのは、先住民が入植者に教えたとされる「ショーニー・ケーキ（ショーニー族のケーキ）」が、誤って伝えられたものだという説もある。これらは別名「コーン・ポーン（corn pone）」とも呼ばれているが、ポーンというのは、もとをたどればアルゴンキン族という先住民の言葉である。また、ジョニーというのは、「ジョナキン *jonakin*」という単語（意味は不明）の崩れたかたちだという説や、「ジャーニー・ケーキ（journey cake 旅のケーキ）」が変化したものだとする説もある。あまり信憑性がないが、もともとは旅行の際の携行食だったためにそう呼ばれるようになったと主張する人もいれば、旅の途中で、携帯していた鍬《くわ》（hoe）をフライパンがわりに使って料理したからだと主張する人もいる。

もしもほんとうに鍬を使って料理していたのだとすれば、作り方は簡単だ（ただし、料理に使う前に鍬をよく洗っておく必要がある）。最も簡単な作り方は、細かくひいたトウモロコシ粉を、水あるいは牛乳で溶き、卵とベーキングパウダーを加える。次に、鍬の平らな面を燠火《おきび》にすえて、その上に生地を落とす。焼きあがったら、鍬の柄の部分をつかんで火からおろし、熱々のうちに食べる。シャベルでも代用できる。キャンプのときは、鍬よりもシャベルのほうが役に立ちそうだ。

こうして焼いたパンケーキは、「アッシュケーキ（灰のケーキ）」とも呼ばれる。別の説によると、「ホー・ケーキ」という呼び名は、英語の「ノー・ケーク（no cake）」（特別な意味はない）、あるいはナラガンセット族の言葉である「ノケヒック（nokehick）」から派生したとされている。昔は鍬を使ってパンケーキを焼いていたのだと考えるのは、熱心な料理研究家だけかもしれない。

◉バラエティ豊かな19世紀

ところが不思議なことに、19世紀に入っても、パンケーキの呼称をめぐっては混乱があった。リンダ・マリー・チャイルド著『慎《つつ》ましい主婦 *The Frugal Housewife*』（１８２９年）には、パンケーキのレシピが紹介されているが、それは「脂で煮た」丸いフリッターそのものだ。グリドルないしはスパイダー（脚つきのフライパン）で焼く、今日パンケーキとして認識されているタイプのものを、チャイルドはフリッターもしくはフラットジャックと呼んでいる。

おそらくホー・ケーキは、実際に鍬を使って焼かれることはなかっただろう。この写真のようにシャベルを使って焼いてみると、うまくいくかもしれない。

どちらも同じ生地から作られる。材料は、牛乳半パイント（約280ミリリットル）、砂糖3さじ、卵1〜2個、真珠灰（炭酸カリウム）1さじ。真珠灰というのは、カリウムの炭酸塩であり、膨張剤として使われ、1790年にサミュエル・ホプキンズという人物が特許を取得した（これはアメリカ初の特許だとされている）。生地にはシナモンもしくはクローブ、塩、ローズウォーターもしくはレモンブランデーを加える。卵のかわりに「元気のいい酵母」（ビールを醸造する際の酵母）を使ってもよい。あるいは、トウモロコシ粉に重曹を混ぜたものでも代用できる。

さらに興味深いのは、「フリップ」（糖蜜とコップ1杯のラムを加えた、ジョッキ1杯のビール）を使ってパンケーキを作る方法だ。熱した火掻き棒でフリップをかき混ぜ、よく泡立ててから小麦粉を加える（フリップというと、フリップジャックやフラップジャックとの関連が思い浮かぶ）。おもしろいことに、チャイルドはトウモロコシやライ麦のほかにも、残り物の米（ごはん）を生地に混ぜたりもしている。

小麦粉以外の粉を使ってパンケーキを作る方法は、今よりも昔のほうが気楽に試みられていた。サラ・ジョジーファ・ヘイルは、『切り盛り上手の主婦 *Good Housekeeper*』（1841年）という著書のなかで、ソバ粉1クォート（約1・1リットル分）とコーンミールひとつかみを、イーストと冷水で醱酵させるレシピを紹介している。材料はこれだけであり、その

薪ストーブの上にグリドルを置き、昔ながらのやり方でソバ粉のパンケーキを焼く女性（1940 年代）

ほかにはなにも入れない。コーンミールと少量の小麦粉、牛乳、卵で作ったものは、「スラップジャックス（slapjacks）」と呼ばれ、糖蜜とバターをかけて食べる。しかし、チャイルドの場合と同じく、ヘイルがパンケーキと呼んでいるのはラードで揚げたものであり、グリドルで「焼いた」ものではない。

独創的かつ印象的なアメリカ式パンケーキのレシピを紹介しているという点では、イライザ・レスリーの右にでる者はいないだろう。レスリーが書いた『料理法 *Directions for Cookery*』（1840年）という本には、「スイートミート・パンケーキ（砂糖菓子パンケーキ）」という、変わった名前のレシピが紹介されている。

大きな赤いビート（ビーツ）の根を、やわらかくなるまで煮る。煮あがったらみじん切りにして、すり鉢ですりつぶす（抽出液をパンケーキの色づけのために使う）。次に、生地を作り……最後にビートから抽出した液を加えて、全体をピンク色に染める。ビートのかわりに、コチニール色素を少量のブランデーで溶いたものを使ってもよい。フライパンにラードか新鮮なバターをひいて、パンケーキを焼く。焼きあがったら、すぐにラズベリージャムかマーマレードを厚めに塗る。丁寧にぐるぐると巻いてロール状に成形し、最後に両端を切り落とす。大きな皿に並べて盛りつけたら、全体に粉砂糖

ビーツで赤く色づけしたパンケーキは19世紀のアメリカで考案された。

をふりかける。あたたかいうちに食卓に運び、砂糖を加えた生クリームといっしょに食べる。

「フランネル・ケーキ」という呼称も、パンケーキの別名として使われている。『フィッシャー夫人の南部料理教室 *What Mrs. Fisher Knows About Southern Cooking*』（1881年）に紹介されているレシピは、小麦粉とイーストだけで生地を作る（分量については不明）。重曹を加えて、油をひいたグリドルで焼く。

フランネルという呼び名は、おそらく焼きあがったパンケーキがフランネル［両面を起毛したやわらかな平織り、または綾織りの紡毛織物］に似ていることからきていると考えられる。あるいは、パンケーキをよく食べる人たちが着ていた、フランネル製のシャツの生地に似ていることから命名されたのかもしれない。

19世紀に入ると、あらゆる階層の人々がパンケーキを食べるようになった。ビクトリア女王の料理人も、女王のためにパンケーキを作っていた。子供から王室のメンバーまで、誰もがパンケーキを食べていたのである。下層階級の人々に向けて書かれたレシピもある。チャールズ・エルミー・フランカテリ著『労働者階級の簡単料理 *A Plain Cookery Book for the Working Classes*』に登場する「懺悔《ざんげ》の火曜日のパンケーキ」である。レシピはとてもシンプルだ。以下に全文を引用してみよう。

材料は小麦粉12オンス（約340グラム）、卵3個、牛乳1パイント（約570ミリリットル）、塩大さじ1、ナツメグ少々、刻んだレモンピール。まず、小麦粉をボウルに入れて真ん中にくぼみを作り、塩、ナツメグ、レモンピール、牛乳少々を入れてかき混ぜる。次に、卵を割り入れてスプーンでかき混ぜ、ペースト状にする。残りの牛乳を加えて、生地がなめらかになるまでよくかき混ぜる。

フライパンを火にかけ、あたたまってきたら、内側を布でふいてからラード小さじ1を入れ、フライパン全体になじませる。小ぶりのティーカップ半分ほどの生地をフライパンに流し入れ、ふたたび火にかける。1分ほどして、裏返せる固さになったら反対側も焼く。両面がよく焼けたら、皿に盛って少量の砂糖をふりかける。続いて、残りの生地も同じように焼く。

20世紀に入ると、パンケーキは大西洋の両端に位置する国々で一般的な食べ物になった。そして世界中で食べられるようになっていったのである。

◉パンケーキの世界史

以下では、パンケーキの世界史について考えてみたい。その際、食べ物の歴史において、パンケーキが演じている役割に焦点をしぼる。基本的な役割に注目することによって、パンケーキが愛されるようになった理由が見えてくるはずだ。

パンケーキは子供のころから食べ続けてきたなつかしの味であり、祝祭の食べ物でもある。持ち運びが簡単で、いつでも気軽に食べられるストリートフードという側面もある。栄養価が高く、食べでがあるので、労働者の食事にもなる。驚くべきことに、高級料理にもなる。第2章から第6章で、これらの話題について順番に考えていきたい。

時代や場所によってさまざまな種類のパンケーキがあり、その背後には豊かな文化が広がっている。

たとえばイギリスでは、パンケーキ・デー（パンケーキの日）といえば、フライパンをもった参加者が、パンケーキ・ベルの音とともにフライパンを振りまわしながら競争する、にぎやかな祭りが思い浮かぶ。アメリカでは、満面の笑みを浮かべたアント・ジェマイマ（ジェマイマおばさん）が、日曜日の朝の食卓を連想させる（ただし最近では、彼女は「母親《マミー》」のイメージとは切り離されるようになってきた）。

パンケーキはかつて、野外活動や、開拓者、きこりなどと直接むすびついているイメージがあった。バターミルク入りのパンケーキを山のように積みあげ、メープルシロップをたっぷりとかけ、バターをのせたものを朝食として食べるのが彼らの流儀だったからだ。また、言い伝えによると、野外での仕事が終わると、すぐさまその場でホー・ケーキ（鍬のケーキ）が焼かれたという。

地球上のいたるところで、さまざまな人が、各人各様にパンケーキとかかわりをもっている。本書は、パンケーキを作り、パンケーキを食べる人々についての物語である。

第2章◉なつかしの味

◉しあわせな時間

西洋では、子供のころから食べなれた料理のなかでも、パンケーキはなによりも思い出深い食べ物だ。とくに、朝のパンケーキは格別だ。というのも、朝食としてのパンケーキは自由気ままに食べられると同時に、すっかり慣れ親しんだものでもあるからだ。

週末の朝にゆったりした気分で食べるパンケーキは、とりわけおいしく感じられる。急いで口のなかに放りこんだり、食べるぞと意気込んだりすることなく、パジャマを着たまま、キッチンのテーブルやベッドのなかで、おなかがいっぱいになるまで食べるのが理想的だ。バターとシロップと小麦粉の組み合わせは、空腹を適度に満たし、食後の数時間をだらだらとすごすのにちょうどよい。座りごこちのいい椅子に座って、新聞を読んだりテレビを見たりしながら、リラックスしたひとときをすごす。こうした時間が、快適な経験として心に刻まれる。

愛する人が作ってくれたパンケーキであれば、なおさらおいしく感じられる。満ち足りた気分になれる食べ物という点では、パンケーキに勝るものはごく少ない。木の実やチョコレートチップスを飾ってスマイリーフェイスを描いたり、ミッキー・マウスやアルファベットの型を使って焼いたりするのも、じつに楽しい。

作る手順がとても簡単なため、パンケーキはたいてい新鮮な材料を使って作られるが、時間に追われている人や料理があまり得意でない人は、市販のパンケーキミックスや冷凍された生地を買ってきて、手軽に作るようになってきている。あるいは、トースターであたためるだけの冷凍パンケーキですませてしまう人も増えている。

しかし、手作りの家庭料理としてのパンケーキには、少なくとも自分の手で粉を混ぜ、焼きあげる工程が欠かせない。「アント・ジェマイマ（ジェマイマおばさん）」ブランドのミックス粉［19世紀の終わりからアメリカで販売されているパンケーキ粉］は、最近ではプラスチックボトルに入れて売られることもある。ボトルに直接水を注げば、簡単に生地ができあがる。これなら「ビスクイック」の小麦粉ミックスとちがって、ボウルで混ぜる手間が省け

犬もパンケーキが大好きだ。放り投げているのはケーリー・グラント。

る。しかも、自分で材料を混ぜて作っているような気分にもなれる。要するに、親や子供たちにとって、箱入りで売られているコーンフレークなどよりも手作りに近いものに感じられ、満足感が得られるのである。

◉「箱に描かれた奴隷」アント・ジェマイマ

アント・ジェマイマというのはなつかしさや安心感を演出するために作りだされたイメージであり、繰り返しイメージチェンジされてきたにもかかわらず、今でも南北戦争以前の黒人のお手伝いさん——料理が上手で、奴隷所有者やその子供たちの空腹を満たすためにいつでも料理を作る準備を整えている——を思い起こさせる。

もちろん、「アント・ジェマイマ」ブランドのミックス粉を販売している会社は、こうしたイメージとは一線を引いていた。現在のジェマイマは、髪型をきれいにととのえ、真珠のイヤリングを身につけた姿で描かれている。これはまちがいなく、中流家庭の黒人女性をイメージしている。仕事と家庭の両立に成功している年配の女性であり、家族のために毎日、手料理を作っているイメージが付与されているのである。

しかし、20世紀初頭には、奴隷との関連は疑いようがなかった。台所をあずかる黒人奴隷が考案したものであることを承知のうえで、アメリカ人は喜んでこのミックス粉を買っていたようだ。ミンストレル［黒人に扮した白人芸人によるショー］や、ケーキウォーク［アフリカ系アメリカ人起源の歩き方を競う競技］が、まだ侮辱的なものとは思われていなかった時代の話である（少なくとも白人消費者の大部分は、そうは思っていなかった）。

アント・ジェマイマをトレードマークとして最初に使ったのは、ミズーリ州セントジョーゼフのクリス・L・ラットと、チャールズ・アンダーウッドだった。1889年に発売されたインスタント・パンケーキミックスの宣伝用に、アント・ジェマイマを起用したのである。このふたりが経営していたパール製粉という会社はのちに倒産してしまったものの、パンケーキのレシピとアント・ジェマイマのキャラクターはR・T・デービス製粉会社によって買い取られた。

デービスは実在の女性をイメージキャラクターに起用しようと考え、実際に奴隷として生まれたナンシー・グリーンという女性を採用し、アント・ジェマイマとして宣伝に起用した。そして彼女は、シカゴ万国博覧会の会場でパンケーキを焼いて大人気を博し、ディズニーランドでパンケーキを焼く腕前を披露したこともある。1925年には、クエーカーオーツ社が、トレードマークも含めて製品の全権利を買い取った。グリーンはその数年前に自動車事故で亡くなっていたが、その後も数多くの黒人が後継者として起用された。

映画「悲しみは空の彼方に」（1934年）で、黒人メイドのデリラ・ジョンソン役を演じるルイーズ・ビーバーズ。アント・ジェマイマを演じた女性の経験をもとに作られたこの映画を観ると、黒人奴隷の女性のイメージが、パンケーキミックスを宣伝するのにいかに適していたかを考えさせられる。

アント・ジェマイマのトレードマークの歴史は、それ自体がとても興味深いが、ミックス粉を手作りの製品のように見せかけて売るという矛盾は、消費者に見過ごされてきた。この点はいまでも変わらない。おそらく、インスタントのケーキミックスにも同じことがいえる。ミックス粉に卵を加えると、作る人は実際に自分でなにかを作ったような気分になる。パンケーキの場合、自分で生地から作ることが、料理の真の腕前を示す指標になっているようだ。

さらに複雑なのは、アント・ジェマイマの肖像が、いまでもなぜ、パンケーキを売るために使われ続けているのかという点だ。20世紀のはじめには、ジェマイマは古きよき南部を連想させるキャラクターだった。黒人女性は、白人家庭の奴隷として幸せに暮らし、母親のかわりに子供たちにパンケーキを作るなどして、白人を喜ばせるために喜々として働いているものだとされていた。

ジェマイマがふくよかで陽気な女性として描かれているという事実は、奴隷制度になんらかの罪悪感が伴っていたことを示唆している。M・M・マンリングはその著書のなかで、アント・ジェマイマを「箱に描かれた奴隷」と命名しているが、ジェマイマはまさに「箱に描かれた奴隷」だった。アント・ジェマイマ（すなわちそれを販売する会社）は、インスタントのケーキミックスを提供することで、消費者がより多くの時間を快適にすごせるように日々奔走している。箱入りのパンケーキミックスは、黒人奴隷と同じ機能をはたしているのである。

20世紀には、この製品やそのほかの多くの製品が、「コンビニエンス（便利）」な食べ物として販売されていた。どういうわけか消費者は、小麦粉と卵と牛乳を混ぜるのは大変な仕事だと考え、ボウルにミックス粉を入れれば時間が節約できると考えていた。

快適さと便利さの組み合わせが愚かさの頂点に達した例としてあげられるのが、家庭用の自動パンケーキ焼き器の発明だ。1958年4月28日のタイム誌に、ポララッド・エレクトロニクス社の自動パンケーキ焼き器が紹介されている。それによると、「上部の漏斗《じょうご》の部分からパンケーキ一枚分の生地が落ちてきて、電気グリドルで焼かれる」。片面が焼きあがると自動的にパンケーキが裏返され、「焼きあがったパンケーキは次々に皿の上に落とされる」。これを発明した人は、次から次へとパンケーキをたいらげてしまう子供たちのために、休む暇もなく焼き続けなければならない妻の苦労を、大幅に軽減できると考えたのだろう。

●「安らぎ」の理由

これほど便利になった現代社会においても、パンケーキというシンプルな食べ物が、人々

朝食にパンケーキを作るナタリー・ウッド（1957年）

の心にこのうえない安らぎをもたらすことができるのは、なぜなのか。理由はこうだ。パンケーキは、離乳食を終えた子供が最初に口にするもののひとつであり、子供のころの思い出や、楽しい記憶と分かちがたくむすびついているからである。

もちろん、子供向けの本にもパンケーキは麗々しく描かれている。そうした本の著者が文中で触れている食べ物で、パンケーキほど登場回数が多いものは、ほかには見あたらない(ドクター・スースの絵本『*Green Eggs and Ham*』に登場する緑の卵とハムも、パンケーキにはかなわない)。

これにはもっともな理由がある。パンケーキは、ほかのどんな食べ物よりもシンプルでおいしく、子供が食べるのに適している。そのため、大人になるとパンケーキを心からなつかしく思い、数多くのパンケーキを食べた、若いころの幸せな日々を思い出す。野菜や朝食用のシリアルとはちがって、パンケーキはほかに比べようのないなつかしの味なのである。真のなつかしの味というのは、新鮮で、あたたかく、愛する人が自分のために作ってくれたものでなければならない。

グリム童話「ヘンゼルとグレーテル」のなかで、魔女がどのようにして、ふたりの子供を家のなかに誘いこんだかを思い起こしてみよう。お菓子の屋根や砂糖の窓だけでなく、魔女は牛乳とパンケーキをふたりに食べさせている。魔女が子供たちを食べてしまう計画をあかすのは、彼らのために料理を作り、信用させてからのことだった。

子供とパンケーキのつながりを意識して、パンケーキに言及した本が数多くある。たとえば『ひとまねこざる』シリーズでは、主人公のおさるのジョージがパンケーキを焼いている。『ネズミとクッキー』シリーズには、『子ブタにパンケーキをあげると』［邦訳『もしもこぶたにホットケーキをあげると』岩崎書店］という続編がある。

この2冊以外にも、パンケーキが登場する本は多い。なにもこれは、最近になってはじまった現象ではない。『ちびくろさんぼ』は100年以上前から人気を博していた（ただし、人種差別との関連性が指摘されて以降、目にする機会は少なくなった）。インドを舞台とするこの物語では、サンボという名前の男の子が、トラたちから身を守るために、身に着けたものをひとつずつトラに与えていく。トラたちは戦利品を奪いあって、木のまわりをぐるぐると回りはじめ、最終的に溶けてギー（インドのバター）になってしまう。サンボの母親のマンボは、そのギーを使ってパンケーキを作った。

◉パンケーキハウス産業

興味深いことに、パンケーキは家庭外でもなつかしの味としての地位を確立している。パンケーキに対する熱い思いは、1950年代に登場して各地に広まった、いわゆるパンケーキハウスで満たされるようになった。1953年、オレゴン州ポートランドで、アメリカ初のパンケーキハウス「オリジナル・パンケーキハウス」が開店した。同社は、現在でもアメリカ国内に90のフランチャイズ店舗を構えている。

しかしこのチェーン店は、1958年にロサンゼルス郊外のトルーカ・レイクで創業したパンケーキハウス業界の最大手「インターナショナル・ハウス・オブ・パンケーキ（IHOP）」と比べると、規模としては取るにたらない。IHOP社は、膨大な数の全国的あるいは地域限定のフランチャイズ店舗を自社傘下におさめ、1961年に正式にそれらをひとつの経営体としたのちは、食品業界以外の分野を含むかなり激しい企業買収をおこなってきた企業だ。現在、同社はふたたびパンケーキに的をしぼった経営に立ち戻っている。今ではアメリカ国内のほとんどの町に、IHOPのチェーン店や、そうでなくても別のパンケーキハウスが最低一店舗は存在し、その数は全米に900以上を数える［IHOP社の発表によれば同社の2012年の店舗数は1500以上］。

パンケーキハウスの典型的な店舗に目を向けてみると、ほとんどの店が、古きよき時代への郷愁を誘うようなデザインを取り入れており、それが魅力になっているように思える。

ここでいう「古きよき時代」というのは、薪割りをしたり、農作業にでかけたりする前に、食べごたえのある食事をみながたらふく食べていた時代をさしている。パンケーキハウスの登場とともに、人々は車に乗って店に行き、見知らぬ人が作った「完璧な」朝食を食べるようになったにもかかわらず、少なくとも初期のころは、赤いギンガムチェックのテーブルクロスやナプキンが、昔ながらの家庭料理であることをほのめかしていた。ＩＨＯＰの店舗はすべて、三角の青い屋根と、コロニアル調の光る看板で飾られていた。多くのパンケーキ店も、１９７０年代に流行したコロニアル様式のデザインを意図的に採用していた。

そのころはちょうど、アメリカ独立２００周年や、愛国主義の台頭と重なる時期であり、ベトナム戦争による政治的不満も高まりをみせている時期だった。別の言い方をすると、１９７０年代特有の俗っぽさはあったものの、家庭を大切にする古風な価値観や昔ながらのアメリカン・スタイルと同じく、パンケーキハウスはあからさまに保守的なメッセージを発しながら、なつかしさを演出する砦《とりで》となっていたのである。当時、ヒッピーはドラッグにおぼれ、性的自由を謳歌《おうか》していたかもしれないが、善良なアメリカ人は家族そろってパンケーキハウスにでかけていた。少なくともこれが、パンケーキハウスを全国展開する企業の広告から読み取れるメッセージだった。

地方で営業する個人経営のパンケーキハウスにも熱心なファンがいた。少なくともそこに行けば、顔見知りのウェートレスがいて、注文しなくてもコーヒーとフラップジャック（パ

インターナショナル・パンケーキ・ハウス（IHOP）の「古きよき時代」を演出する店舗。カリフォルニア州ストックトン。

ンケーキ）が運ばれてくる。アメリカには、これと同じような個人経営のパンケーキハウスがいたるところにある。そうした店は、デニーズのような巨大チェーン店（１９５０年代なかばにカリフォルニアで創業した全米最大の朝食チェーン）と、かなりうまく併存していた。パンケーキハウスよりも歴史のある「ダイナー」と呼ばれるレストランでは、朝食用のパンケーキを一日中食べられる。ダイナーはパンケーキハウスからその魅力の一部を奪ってしまったような店だ。夜遊びにでかけたあとの深夜など、なつかしの味を一日中いつでも注文できる。

パンケーキが好きなのは、アメリカ人だけではない。オランダにも、居心地のよいパンケーキハウスがいたるところにある。ただし、オランダのパンケーキハウスはファミリー・レストランに近く、朝食の時間にはまだ開店していないこともある。イギリスにはパンケーキハウスの数はそれほど多くないが、それでも長年営業している店がいくつかある。

◉日本——どら焼きとお好み焼き

パンケーキをなつかしさや家庭中心の価値観とむすびつけるのは、西洋だけの現象ではない。日本では、どら焼きがパンケーキと同じような位置を占めている。ただし、どら焼きは朝食ではなく、おやつとして食べられる。どら焼きは、2枚の甘いパンケーキのあいだに小豆《あずき》の餡《あん》をはさんで作る。栗やカスタードクリームをはさむこともある。

どら焼きには興味深い歴史が秘められている。言い伝えによると、その昔、手傷を負って民家に隠れていた武蔵坊弁慶が、その家に銅鑼《どら》を置き忘れた。その家に住む勇敢な農民が、銅鑼を使って小さな「銅鑼焼き」を作ったというのである。

どら焼きのルーツは、16世紀に日本にやってきたポルトガル人と関連があるともいわれている。どら焼きの生地の材料は卵と小麦粉と砂糖であり、カステラやスポンジケーキを作るのとほぼ同じ製法で作られる。カステラというのは「カスティリャ castella」（スペインのカスティリャ地域をさす）が変化した単語だ。すなわち、ポルトガル語の「パン・デ・カステイリャ（pão de Castella カスティリャ地方のパン）」、あるいはイタリア語の「パン・ディ・スパーニャ（pan di Spagna スペインのパン）」を意味している。要するに、スポンジケーキである。現在では、おやつとして家で作ることもできれば、プラスチックのフィルムにくるまれた、しゃれた感じの大量生産のカステラを買うこともできる。

どら焼きは、漫画に登場する有名なキャラクター「ドラえもん（ネコ型ロボット）」の大好物でもある。どら焼きと子供たちとの関係は、西洋におけるパンケーキと子供たちとの関係と同じく、かなり強固なものだといえる。ただし、形や機能という点でどら焼きに近い食べ物をあげるとすれば、おそらくトウィンキーズ［クリーム入りの小型スポンジケーキ］が最も近い。大量生産のジャンクフードがすべてそうであるように、どら焼きはなつかしさをさそう食べ物であると同時に、うんざりするほど甘く、やや軽くみられがちなところがある。大人も食べるが、本来は子供が食べるおやつに近く、そのこと自体が旧懐の情をかきたてる。

日本には、比較的最近になって考えだされた「お好み焼き」と呼ばれる変わり種のパンケーキがある。塩味のパンケーキであり、どんなものでも具になる。お好み焼きという単語には「好きなように」という意味が含まれている。

生地には乳製品は使われておらず、だし汁（かつお節と昆布を煮だした汁）、小麦粉、卵を使って作られる。大阪を中心とする関西風のお好み焼きには、昆布、かつお節、キャベツ、紅ショウガ、甘めに味つけしたお好み焼きソース、マヨネーズなどが使われる。どんな種類の肉や魚を具にしてもよい。焼きあがったお好み焼きは、トッピングをのせたピザのようにも見える。広島風のお好み焼きの場合、焼きそばの上に具材を重ねて作られる。

お好み焼きの専門店では、各テーブルに据えつけられたホットプレート（鉄板）の上で、好みの材料を使って、客が自分でお好み焼きを焼く。カウンター形式の店では、店員がふたつのへら（こて）を器用に使って、鉄板の上でひっくり返しながら焼きあげ、切りわけてか

日本のお好み焼きには「好きなように」という意味が含まれている。

お好み焼きは、客みずからが鉄板で焼いて食べる場合もある。

ら客に供する。お好み焼きは屋台でも売られている。

どこでも気軽に食べられるうえに値段も安いため、学生に人気で、大学の近くには多数のお好み焼き屋がある。多くの日本人にとって、お好み焼きは青春の日々を思い起こさせる食べ物でもあるようだ。社会人になって家庭を築き、さまざまな重圧がかかるようになる前の日々を思い出させる。

お好み焼きは種類がとても豊富なため、人それぞれに好みの味がある。もちろん、過去の記憶を強く呼び起こす食べ物であれば、どんなものであれなつかしの味といえるだろうが、種類の豊富なお好み焼きは、西洋でピザが学生の好物であるのと同様に、若い世代に人気がある。親しい仲間同士で分けあいながら食べるものなのである。

投入する具材の種類が増え、その組みあわせが独特のものになればなるほど、独自の味になる。そしてもちろん、自分好みのお好み焼きは、おいしさも格別だ。日本の食事情にくわしい友人の話によると、大の大人でも、お好み焼きのにおいをかいだだけで学生時代をなつかしく思い出し、涙をにじませる人もいるという。

やはり日本で人気のある「たこ焼き」。具にたこの細切れが入っており、型を使って球状に焼く。甘くない。

なつかしさや心地よさというのは、毎日のように食べるものから生じる感情だ。それなしでは完璧な食事とはいいがたい。この感情は、アジアで暮らすほとんどの人にとっては米、イタリア人にとってはパンやパスタによって呼び起こされる。

◉エチオピア——インジェラ

エチオピアの主食である「インジェラ」という巨大なパンケーキにも同じことがいえる。インジェラはまちがいなく世界最大のパンケーキであり、万能なパンケーキでもある。

直径が3フィート（約90センチ）と大きいのには理由がある。食事の際、インジェラの上にすべてのおかずを積みあげるようにして供されるのである。典型的な（そしてあまり豪華とはいえない）エチオピアの食事は、通常、ワット（wat）というシチュー料理（鶏肉かヤギ肉）と、豆類と野菜の煮こみ料理からなる。どの料理も香辛料を大量に使い、かなりスパイシーだ。インジェラは、ひとり分ずつ巻いてから各人に配られることもある。その場合、配られたインジェラを手でちぎりながら、皿がわりのインジェラに盛られた料理をすくって食べる。おかずがなくなると、皿がわりに使っていたインジェラ自体もすべて食べる。インジェラには適度な酸味があり、スポンジのようなふわふわした食感がきわだっている。

エチオピア人は、インジェラを食べるとほっとした気分になる。というのも、ほとんど毎

植民地時代のアビシニア（エチオピア）の家庭内の様子。インジェラを作る女性（手前）とそれを食べる男性。

食出てくる主食だからだ。インジェラのなかでも、エチオピアでしか育たないテフという穀物を使って作られたものは、とくにおいしい。植物学的にいうと、テフの学名は「エラグロスティス・テフ Eragrostis tef」。この学名は「eros エロス／愛」と「grostis 草」からなっており、「エラグロスティス」とは「愛の草」を意味している。

非常に粒の小さな穀物であり、エチオピア高原地帯の乾いた土地でも育つ。栽培・収穫・脱穀にかなりの人手を要するため、テフはかなり高価な穀物であり、テフだけで作ったインジェラを食べられるのは裕福な家庭に限られる。インジェラは薄い色に焼きあがったものが最上等とされる。ただし、濃いめの色に焼きあがったものに比べると風味はやや劣る。一般の家庭では、テフにトウモロコシと大麦を混ぜた粉が使われる。

アメリカ国内にあるエチオピア料理のレストランでは、インジェラはどこでも手に入る小麦粉を使って作られることが多く、味に関してはまったく期待できない。小麦粉で作ったインジェラは、作った当日に食べないとすぐに悪くなってしまう。エチオピアでは、インジェラは数日おきに作られるが、そのあいだもやわらかさと新鮮さが保たれる。

インジェラの作り方はパンケーキのなかでも少し変わっている。空気中の野生酵母の助けを借りて、まる3日かけて生地を醗酵させるのである。最初に、テフ粉と水で、どろどろの生地を作る。これをそのまま醗酵させる。翌日、さらに水を加えて生地を薄め、もう1日寝かせる。3日目に、上澄みの水を捨ててお湯を加え、適度な濃度に調整する。その後、巨大な平たい鉄板を熱し、地面に近いところで直火にかける（薪を使うのが昔ながらのやり方だ）。細かくひいたキャベツの種を、鉄板の上にまく場合もある。あるいはそのかわりに油を薄くひく。続いて、外側から内側に向かって円を描くように生地を流し入れ、葦《あし》の茎で編んだかごでふたをする。

インジェラは短時間で片面だけ焼かれる。それによって表面に気泡ができ、スポンジかタオルのような感じに焼きあがる。最後に、巨大なインジェラと鉄板のあいだに丸い布をさし

インジェラの生地を丁寧に流しこむ女性（エチオピア）

巨大なインジェラを焼いているあいだは、編んだかごでふたをする。

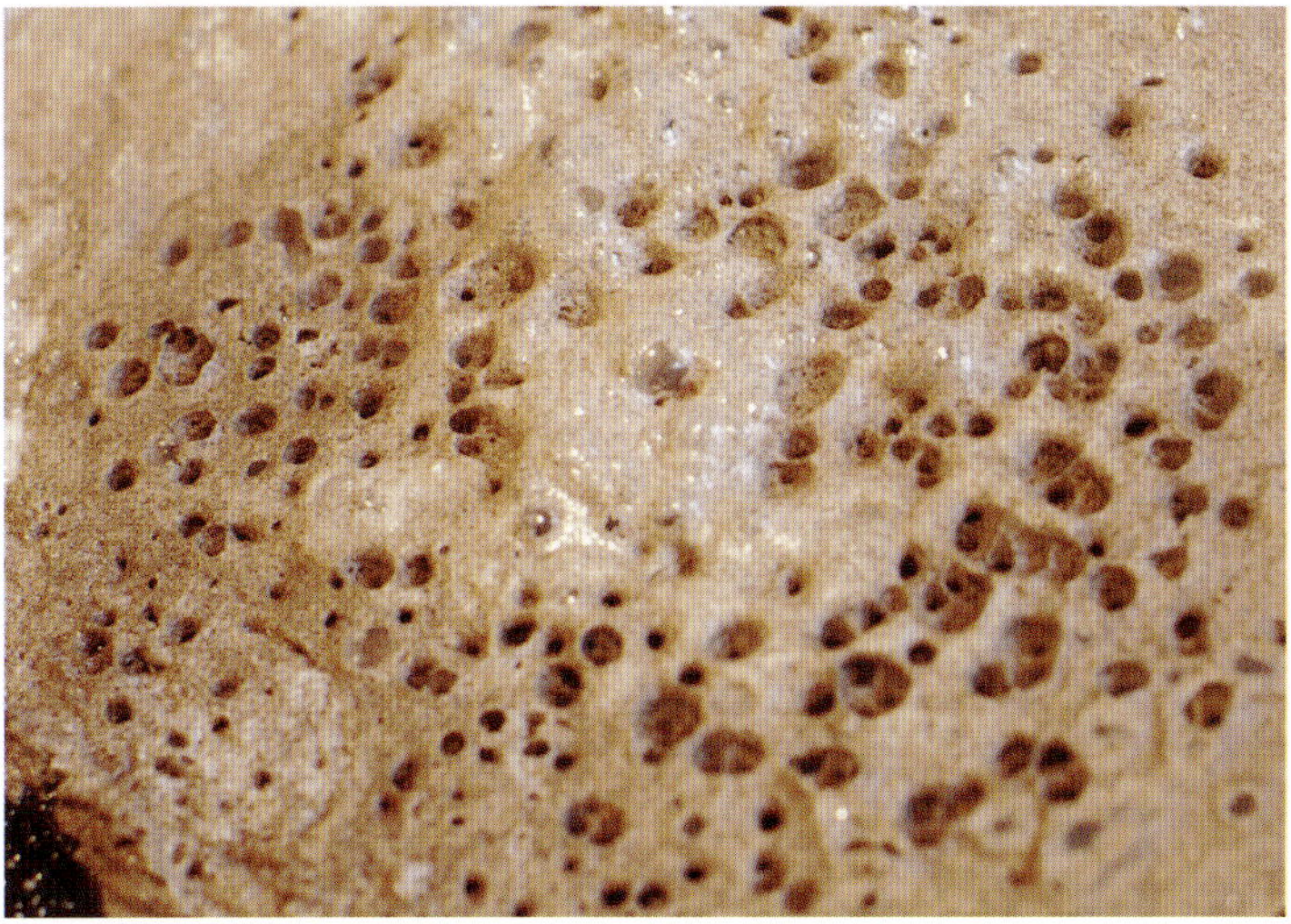

エチオピアの主食インジェラを作るには熟練の技が必要だ。

こみ、火からおろす。焼きあがったものは、順次、重ねていく。

エチオピア人にとって、インジェラはなによりも心が安らぐ食べ物だ。地球上のどこを探しても、インジェラに匹敵するものがないからだ。

本物のインジェラと、まがいもののインジェラを適切に見分けることは、エチオピア人にしかできない。日々の経験からしか得られない、ある種の鑑識眼がはたらくのである。エチオピア人（とくに海外在住のエチオピア人）は、母親や祖母が作ってくれたような本物のインジェラを食べるとほっとする。故郷を思い出し、自分のアイデンティティを再確認できるからである。

◉インド――ドーサ

インドのドーサ（ドーサイ）にも同じことがいえる。北インドのチャパティやナン、ローティのような平たいパンと比べると西洋ではあまり知られていないが、ドーサは南インドの主食のひとつだ。かなり大きなパンケーキであり、具材を巻いて食べたり、料理をすくって食べたりするという点で、ドーサはインジェラとよく似ている。

ドーサもまた、野生の酵母を利用して自然に醱酵させる。材料は、地元で栽培された米とブラックマッペ（別名ケツルアズキ、黒緑豆）。作り方はかなりシンプルだが、驚くほどおいしい。

まず、ウラッド・ダール（黒い皮におおわれ、内部が白い豆）を、一晩、水にひたす。ウラッド・ダールの2倍から4倍の量の米も、別の器で同じように水にひたしておく。翌日、どちらもよくすすいで水をきり、粒子が細かくなるまでひく。大きな石臼でひくのが伝統的なやり方だが、細かくひくにはかなりの時間を要する。今ではミキサーも使われている。ペースト状になった米と豆に水を加えると、なめらかな生地ができあがる。そのまま一晩寝かせると、生地が泡立ってきて、よい香りを放つようになる。あまり長く寝かせてしまうと、逆に変なにおいを発するようになるので注意が必要だ。

ドーサ。具を包んで巻いてから食卓に運ばれる。スープや薬味とともに食べる。

タムと呼ばれる大きなフライパンに、油（またはギー）を薄くひいて、生地を流しこみ、薄くて丸いクレープのような形に焼きあげる。タミルナードゥ州では、ほかの地域よりも小ぶりで厚く焼きあげられる。ドーサはふつう、サンバル（野菜とレンズ豆のスープ）や、ココナッツ・チャツネ（ココナッツのソース）とともに朝食として食べられる。ジャガイモや揚げタマネギ、スパイスで味つけした具材をはさんだものは「マサラ・ドーサ」と呼ばれる（タマネギは生のまま生地に入れることもある）。細かくひいたフェヌグリークの種を、生地に入れることも多い。

ドーサは各家庭で作られるものだが、ウドゥピと呼ばれる店でも食べられる。ウドゥピは西洋のパンケーキハウスに相当し、パンケーキハウスと同じく朝早くから開店している。ウドゥピの料理はすべてベジタリアン料理であり、バナナの葉に盛って供される。そのため、正統派のヒンドゥー教徒も食に関する掟を破ることなく食事ができる。

南インド文化において、ドーサは思い出や郷愁とむすびついている。南インドでは大家族で暮らしている場合が多く、子供たちは祖母や年上の親類が毎朝ドーサを作るのを見ながら育つ。そのため、こうした食文化の伝統が世代をこえて受け継がれてきた。海外で暮らしているために、食べ慣れない食事や大量生産されたものを口にせざるをえない人々にとって、ドーサが故郷を思い出させる食べ物になっているのもそのおかげだ。

インジェラやそのほかの多くのパンケーキが、アイデンティティを再確認する食べ物であるのと同じように、南インドの人々にとっては、ドーサを食べることが自分のルーツを確認する手段となっている。ニューヨークのグリニッチビレッジにあるワシントン・スクエアの南端に行くと、海外生活をする南インド人が、おいしいドーサを買うために長い列を作っている姿が目に入る。ニュージャージー州には「ドーサ・エクスプレス」というレストランが数多くあり、急速に拡大しつつあるインド人コミュニティ向けの料理を提供している。

第3章◉祝祭のパンケーキ

◉祝祭とパンケーキ

イギリス人は懺悔《ざんげ》火曜日のパンケーキを、ユダヤ人はハヌカー祭のラトケを、フランス人は聖燭祭《せいしょくさい》のクレープを楽しみにしている。そのほかにもさまざまな種類のパンケーキが、祝祭の理想的な食べ物として多くの国で好意的に迎えられてきた。この章では、なぜそのようになったのかを考えてみたい。

祝祭用の特別なパンケーキが、世界中でみられるのはなぜなのか。パンケーキが儀式に適しているのはなぜなのか。そこには、各文化が祝祭に対してどのような態度でのぞんでいるかが、よくあらわれている。たとえば、四旬節を迎える前にはバター入りの食べ物をたっぷりと食べ、クリスマスには脂分の多い食事をし、ロシア正教会の埋葬式（葬儀）後には食事がふるまわれる。

パンケーキと聞いてすぐに思い浮かぶ祝日といえば、懺悔火曜日（シュローブ・チューズデー）、別名パンケーキ・デーだろう。シュローブというのは、懺悔する、もしくは告白するという意味の動詞シュライブ（shrive）に由来する。この日は、灰の水曜日（肉や乳製品を断つ四旬節のはじまりの日）の前日にあたる。懺悔火曜日は罪を告白して魂を清める日であり、節制を通じて肉体を物理的に浄化する四旬節と対応する関係にある。

当然のことながら、節制に先立って派手な祝賀行事がおこなわれる（別の場所では「マルディグラ」として知られている）［マルディグラとは、フランス語で「肥沃な火曜日」の意］。卵やバターを消費する方法はほかにも考えられるのに、イギリスにおいてパンケーキがこの祝日と関連づけられたいきさつは、まったくの謎だ。おそらく、質素な台所で祝賀行事に対応するには、これが最も簡単な方法だったのだろう。

懺悔火曜日のパンケーキには、アメリカ人好みの、巨大でふわふわしたパンケーキのレシピよりも、はるかにたくさんの卵やバターが使われている。たとえばあるレシピでは、小麦粉1カップ（125グラム）に対して、卵4個、全乳1カップ（235ミリリットル）、溶かしバター大さじ1、砂糖大さじ1が使われる。

パンケーキの祝祭にもうひとつ欠かせないのが、懺悔の鐘を鳴らすことである。鐘を鳴らす本来の目的は、教区の住民に対して懺悔にくるように呼びかけることだったが、一説によれば、ある日の朝、とりわけ熱心な牧師が鐘を鳴らしたとき、まさにパンケーキを焼いている最中の主婦がいた。彼女はエプロンをつけたまま、フライパンを片手に外に飛びだし、作りかけのパンケーキを無駄にしないように、何度もひっくり返しながら教会への道を急いだという。

◉パンケーキ・レース

この逸話がもとになって、イギリスでは昔から「パンケーキ・レース」がおこなわれてきた。最古のパンケーキ・レースは、1445年にバッキンガムシャー州オルニーで開催されたレースだといわれている。このレースが復活したのは比較的最近のことだが、それ以来、速さを競う現在のかたちのレースになった。出場者はドレスとエプロンを着用し、頭にスカーフをかぶって、パンケーキをひっくり返しながら415ヤード（約380メートル）を全力疾走し、聖ピーター・アンド・聖ポール教会に設けられたゴールを走り抜けなければならない。

NatWest
CHEMIST
FRANCIS JACKSON
HOMES

バッキンガムシャー州オルニーで開催される世界最古のパンケーキ・レース

別の場所では、このレースは浮かれ騒ぎの格好のきっかけとなった。女装した男や、ふざけた格好をして走る人が現れるようになったのである。アメリカのカンザス州リベラルでは1950年からパンケーキ・レースが開催され、数年のうちにオルニーでの最速記録が破られた。

もうひとつ、通常は男子校でおこなわれる奇妙な風習がある。かなり高い位置に設置された鉄棒越しに校長がパンケーキを放り投げると、反対側にいる生徒たちがそれをめがけて突進し、あわよくば完全な形のまま、パンケーキを受け止めようとする。ロンドンのウエストミンスター校では、この伝統的行事を「パンケーキ・グリーズ」と呼んでいる。イートン校やそのほかの学校でも、同じような行事がおこなわれていた。なぜこのようなかたちでパンケーキを放り投げるようになったのかは、よくわかっていない。史料によれば、起源は数百年前にさかのぼる。

●陽気な悪ふざけ

レースや放り投げの行事はさておき、パンケーキをこの祝日に関連づけるという考えは古くからあった。シェイクスピアの『終わりよければすべてよし』（第2幕第2場）のなかで、道化が自分の返答の正しさについて次のように説明するくだりがある。「弁護士に弁護料の十グロート、淫売婦に梅毒菌つきの金貨、百姓男の人さし指に百姓女の藺草《いぐさ》の指輪、懺悔火曜日にパンケーキ……［小田島雄志訳］」。つまり、弁護士には賄賂、着飾った売春婦には高額の支払い、まねごとの婚礼には藺草の指輪、そして誰もが知っているように、四旬節に先立つ日々のお祝いにはパンケーキが欠かせないのである。

食べ物についての愉快な話がたくさん登場する、トマス・デッカーの戯曲『靴屋の祭日 *The Shoemaker's Holiday*』では、生まれの卑しい靴屋の主人サイモン・エアが、突如としてロンドン市長に任命される。エアは就任の宣誓のなかで、パンケーキの鐘の音が聞こえると、自分の店の従業員が全員休みを取ってしまうのだと、冗談めかして語る（エアは従業員を嘲笑的に「うちのメソポタミア人」と呼んでいる）。「毎年、懺悔火曜日になると、パンケーキの鐘が鳴ったとたんに、うちの店のきびきびとよく働くアッシリア人の連中は、店のウインドーをぴしゃりと閉めて、出ていってしまうのであります」。

そして、話がハッピーエンドに向かって進みはじめると、またしても鐘が鳴る。すると靴職人のファークが感嘆の声をあげる。「こりゃすばらしい！　なんと妙なる鐘の音だろう！　おいしいパンケーキがお待ちかねだ！　扉を開けろ、野郎ども。いますぐ店じまいをするんだ。戸締まりをすませたら、パンケーキを食いに行こう……」。もしも自分が市長になったら、ロンドン中の徒弟を招待し、全員に食事をふるまうと公言していたので、サイモン・エアはそれを実行する。何百人もの徒弟が新しい市庁舎で開かれた朝食会に招待され、パンケーキや、そのほかのごちそうをおなかいっぱい詰めこんだ。

パンケーキにまつわるこのような歓喜を、いったいどのように説明したらよいだろうか。そこには、仕事が休みになる休日という側面にとどまらず、なんらかのかたちで社会的秩序を乱すような要素が含まれている。この日は、万人が平等に扱われる唯一の日なのである。ファークは劇中で次のように語っている。「パンケーキの鐘が鳴れば、おれたちは市長同様に自由になるのさ」。仕事から自由になり、心ゆくまで楽しむことは、「ジェントル・クラフト（上品な仕事）」——靴職人の仕事を、職人たちは皮肉をこめてそう呼んでいた——に携わる職人たちにとって、めったにあることではない。そしてこの日は、ほかならぬ国王その人が臨席し、物語の主人公である貴族の男と市民の女の結婚を宣言し、「愛は血筋を問わず、出自や身分のちがいを意に介さない」と述べる。

要するに、パンケーキの鐘が鳴るのは、この日が大食の日だからというだけでなく、地位や階級が一時的に無用になる社会的平等の日だからなのである。最後には、徒弟のために用意された懺悔季節［灰の水曜日直前の3日間］のごちそうを、国王自身もいっしょになって食べる。

謝肉祭《カーニバル》（懺悔季節のヨーロッパ大陸での呼び名、マルディグラとしても知られる）のあいだは、世の中のすべてがひっくり返るが、社会的秩序がほんとうに脅かされることはけっしてない。翌日には全員が仕事にもどる。続いて四旬節がはじまるので、肉やバターの入ったパンケーキは食べられなくなる。しかし、この物語自体には、結婚や幸運、勤労によって、社会的地位が向上する見込みがあるという意味が含まれている。基本的にこの物語は、平凡で素性の貧しい男が、みずからのパンケーキを手に入れ、ついにそれを食べることができるという、楽観的な物語なのである。

◉不道徳な熱狂

ところが、このような陽気な悪ふざけを、誰もがつねに冷静に受け止めていたわけではなかった。宗教的に厳格な人々は、カトリック教会が完全には浄化できなかった、いにしえの異教の名残だと主張し、たんなる象徴的な意味をこえて、潜在的破壊力をもつものだと考えた。16世紀や17世紀には、このような祝祭を禁じようという動きが多くみられた。後述の引用が示すように、こうした祝祭は不道徳な魔術とみなされた。

「水の詩人」と呼ばれた風刺作家ジョン・テイラーが１６２０年に発表した『ジャック・

ア・レント――そのはじまりと娯楽 *Jack a Lent, His Beginning and Entertainment*』から、懺悔火曜日の祝祭を痛烈に批判している箇所を引用してみよう。ついでにいうと、「泡立つスエット」［牛・羊の腰や腎臓のあたりの脂肪］という描写を読むと、当時のパンケーキが、少なくともテイラーの文によれば、やわらかいケーキではなくカリッとした揚げ物（フリッター）だったことがわかる。

懺悔火曜日。その日の朝のはじまりには、王国中が静まりかえっているが、（ごろつきのような寺男の助けを借りて）教会の時計が通常どおり9時前に11回鳴らされ、それからパンケーキの鐘が1回鳴らされると、その音を聞いた何千という人が心を乱し、礼儀や人間性を忘れてしまう。そして次に、小麦粉が登場し、硫黄《いおう》の魔術にたけた料理人が、それを水、卵、香辛料、その他の悲劇的かつ魔術的な材料と混ぜあわせ、泡立つスエットに満ちたフライパンのなかに少しずつ落としていくと、陰気で不可思議なシューという音（冥界をとりまくアケロン川かステュクス川、あるいはプレゲトン川の葦《あし》の茂みに隠れたレルネの怪物ヒュドラが発するような音）がたち、そしてとうとう、料理人の力によってフラップジャック（我々の言葉に翻訳するとパンケーキ）の形に変わり、無知な人々をして、むさぼり食わせる不吉な呪物となる……

1634年に書かれたパスキルのパリノディアの詩にも、同様の描写がある。この詩ではパンケーキ・レースについては触れられていないものの、パンケーキをひっくり返す動作については言及されている。パンケーキ・デーには、すべての胃袋が、

……これ以上は入らなくなるまで
心ゆくまでフリッターで満たされる
そしてすべての男女が順番に
焦げるのをおそれてパンケーキをひっくり返す
パンケーキが床に落ちると
台所中に笑い声があがる

懺悔火曜日には別の風習もある。「太っためんどり叩き」である。現代的な感覚で考えるとぞっとしてしまうが、熊いじめ〔杭につないだ熊に犬をけしかける見世物〕や、公開処刑に慣れていた当時の人々にとっては、非常に楽しい行事だった。文字どおり、若者たちがかわるがわる1羽のめんどりを死ぬまで叩きのめし、その後、パンケーキといっしょに食べてしまう。1749年の『ジェントルマンズ・マガジン *Gentlemen's Magazine*』には、1羽のめ

んどりが、さんざん打ちすえられたあげく、意を決して以下のようなことを語りだすという、驚くべき物語が掲載されている。

ちょっと手を止めなさい、無情な人でなし！　もしもあんたが、たんなる好奇心からそんな所業に及んでいるのなら、わたしたち羽のはえた生き物が発する、断固としたことばを聞くがいい。あんたも、あんたの仲間のどの連中も、わたしよりもましな立場にいて、からだも大きく、力も強く、自由の身。わたしは両脚をしばられているというのに……。今日、あんたやその野蛮な仲間から、こんな扱いを受けなければならないような、いったいどんなことをわたしがしたというのかしら？

めんどりは驚くほど雄弁に、なおも語り続け、酒に酔ってさわぐ若者たちを激しく非難する。彼女がとくに腹を立てているのは、自分が辛抱強く「あんたたちのテーブルを美しく飾り……産みたての卵でパンケーキやプディングやカスタードの風味を豊かにしてやった」のに、ひどい扱いを受けている点だ。

◉フランスの聖燭祭

一方、英仏海峡をへだてた反対側の国でパンケーキと関連づけられているのが、「聖燭祭（キャンドルマス、ラ・シャンドルール）」である。フランスでは、イエス・キリストが聖母マリアと父ヨセフに連れられて、初めて聖堂に姿を現したのを記念して、2月2日に祝われる。

この祝日の名前は、その日に幼子キリストを一目見て、「世の光」になるだろうと述べた聖シメオンとの偶然の出会いに由来する。そのためこの日には、ろうそくに明かりをともす。この祝日が、いにしえの異教に端を発している可能性も否定できない。子供たちは盛装して仮面をつけ、この日のために用意されたクレープを食べる。一説によると、「ラ・シャンドルールにクレープを食べると、1年分の幸福が約束される」。南フランスでは、左手にコインを握ったまま、もう一方の手でパンケーキをひっくり返すと、向こう1年のあいだに富がもたらされると考えられている。

フランス料理がおしなべてそうであるように、各地にそれぞれ独自のクレープがあり、その地域の名物料理となっている。北東部には、リンゴやサクランボを詰めた中世風の「vautes」がある。アルゴンヌから東の地域では「chialades」と呼ばれ、アルザスの最東部で

楽しげに、かつ落ち着いてパンケーキをひっくり返す女性

は「chache-creupé」と呼ばれている。ベリーやリムーザンでは「sanciauz」、バスク地方では「cruchpeta」、ピカルディでは「landimolles」。名前こそちがうが、これらはすべて、この祝日のための伝統的な祝いの料理である。

◉ユダヤ人家庭のパンケーキ

なにもキリスト教圏だけが、パンケーキのお祭り騒ぎを独占しているわけではない。たとえばハヌカーというユダヤ教の祝祭は、紀元前160年代にセレウコス朝シリアを包囲戦のすえに退けた、マカベア家とその信奉者たちの勇敢なおこないを記念して祝われる。包囲のあいだ、神殿の聖なるランプをともす脂が、わずか1日分のたくわえしかないはずなのに、8日間も燃え続けるという奇跡が起こった。そのためハヌカーでは、燭台に火をともし、ケーキを油で揚げる。

アシュケナジム系ユダヤ人家庭の多くでは、東欧起源にふさわしく、ラトケ（ス）と呼ばれるジャガイモのパンケーキが食される。ラトケはポーランドのプラッキ（placki）とほとんど変わらず、すりおろしたジャガイモから作られるため、真の意味でのパンケーキとはいえない。18世紀にジャガイモが一般的に食べられるようになる前は、これらはふつうのパン

ラトケ（油で揚げたジャガイモのパンケーキ）。ユダヤ教のハヌカー（光の祭）の日に食される。

ケーキか、あるいはそれに類するもの、もしくはドーナツの一種だったと思われる。

スペインに起源をもつセファルディム系のユダヤ人家庭では、ハヌカーの日に、油で揚げてはちみつにひたし、アニスで風味をつけたパンケーキを食べる。これはビムエロス（bimuelos）と呼ばれているが、この単語はパンケーキを意味することもある。また、過越《すぎこし》の祭の期間中に食べるマッツァー・ミール（小麦の粗挽きの粉）のパンケーキ、すなわちビムエロス・デ・マッサ（bimuelos de massa）にも用いられる。ビムエロス・デ・マッサは、一般的にはマッツァー・ブライ（matzoh brie）と呼ばれることが多い。

酵母を使わないパンであるマッツァーは、この祭日中に口にすることが禁じられている、通常の小麦粉から作ったパンのかわりとなる。ちなみに、ビムエロス（bimuelos）という単語は、スペイン語圏のいたるところで使われている。メキシコでクリスマスに食べるブニュエロス（buñuelos）と呼ばれるフリッターも、まったく同じ起源をもつ。

◉北欧のパンケーキ

北欧諸国には、クリスマスととくに関連の深いパンケーキがある。球形にふくらんだ、宝石のようなパンケーキだ。クリスマスの夜にグロッグ（glögg あたためたモルドワインと果汁を混ぜた飲み物）とともに供されるが、北欧や、その他の地域で暮らす北欧系の祖先をもつ人々の家庭では、昔ながらのクリスマスの日の朝食でもある。

このパンケーキにはエーブレスキーブ（aebleskive）という楽しげな名前がついており、そのほかにもエーブレスキーバ（aebleskiver）、エーベルスキーバ（ebelskiver）など、さまざまな呼び名がある。この単語はリンゴのスライスを意味するようで、古いレシピではたしかにリンゴが使われている。ただし、現在はリンゴを入れることはめったにない。発祥の地はデンマークだと思われるが、ポッフェルチェス（poffertjes）と呼ばれる、形の似たパンケーキがオランダにある。

いずれにしても、これらのパンケーキの特徴は、「ムンク・パン」と呼ばれる、小さな丸いくぼみのついた鋳物の調理器具を用いて作られる点だ。軽く油を塗ったくぼみの上に生地を流しこみ、ふくらむのを待つ。伝統的な作り方では、小さなパンケーキ・ボウルをひっくり返すときに編み針を使うのがよいとされているが、特別に作られた二股の小型木製フォークを使ってもよい。具を入れる場合は、ひっくり返す前に生地のなかに押しこむ。具を入れない場合は粉砂糖をまぶし、ジャムを添えて食べる。

生地にはさまざまな種類がある。アメリカで作る場合は、「ビスクイック」や「クラスティーズ」のパンケーキミックスが使われることもあるが、それはそれでおいしい。しかし、本格的なレシピでは、卵とバターミルクをたっぷりと入れる。ふわふわした食感を生みだすために、泡立てた卵白を混ぜることもある。

エーブルスキーバは、祝日用のパンケーキであると同時に、思い出深い特別な料理でもある。特別な祝祭の日の朝に、ほかの料理には用いない、伝統的な調理器具を使って焼きあげられるからだ。したがってその調理器具は、先祖代々の家宝として受け継がれている場合が多い。

エーブルスキーバは、くつろいだ家族の集まりや、今は亡き親類など、子供のころの思い出と深くつながっている。そのほかの伝統的なクリスマス料理がそうであるように、人々は自分の家庭ならではのレシピに強い愛着をもち、そのレシピは次の世代に大切に伝えられる。祝祭はエーブルスキーバによって定義されるといっても、いいすぎではないかもしれない。エーブルスキーバがないと、この祝日は心なしか不完全なものになる。エーブルスキーバは、過去との具体的なつながりを示し、民族のアイデンティティと直接結びついているものなのである。

北欧諸国で食べられているエーブレスキーブ。ソバ粉で作ると最高の味になる。

第4章 ◉ ストリートフード

ほぼすべての種類のパンケーキに共通する最大の特徴は、簡単に持ち運べることだ。具を巻いたり、細かく刻んだ食材を包んだりするのに適しているうえに、値段も安く、食べごたえがあるため、パンケーキは完璧なストリートフードになる。

限られた量の燃料しか使えない屋台の主人は、おそらく最初のうちは、廃材でおこした火とフライパンを使って、おなかをすかせた通行人の注文に応じてパンケーキを焼いていたにちがいない。数分で焼きあがり、しかもあたたかいほうがおいしく食べられるため、焼きあがったパンケーキをいそいそと受け取ると、客はむしゃむしゃ食べながら屋台をあとにする。おそらくこれが、さまざまな材料から作られる、さまざまな種類のパンケーキが世界中にみられ、すべてのパンケーキが人々から愛されている理由なのである。

戦時中、パリの街角で売られていたパンケーキ。

ストリートフードとして路上で売られているパンケーキは、ふつうは朝食用の薄いパンケーキよりも油分が多く、しっかりと焼かれている。具が入っている場合はなおさらだ。ただし、使い捨ての紙皿などが使われる場合はその限りではない。一方、フランスのクレープのようなパンケーキは、やや大きく、くるくる巻いたり、具をはさんだりして食べられるが、やはり同じような持ち運びやすさを兼ねそなえている。世界中どこにいってもパンケーキの屋台がみられるように、縁《ふち》のないクレープ専用の鉄板をそなえた屋台（クレープ・スタンド）は、フランス国内のいたるところでみられる。

◉地中海沿岸――ヒヨコ豆の粉のパンケーキ

ソッカ（socca）は、ひよこ豆の粉で作るめずらしい形のパンケーキだ。ソッカやそれに近いパンケーキは、地中海沿岸南部で広く食べられている。ファリナータ（farinata）はジェノアを起源とし、屋台で売られているものはぶ厚く歯ごたえがあり、ふつうは手でちぎりながら食べる。

ソッカの作り方はとても簡単だ。水とオリーブオイル、ひよこ豆の粉で生地を作り、塩と大量のコショウで味つけしたら、生地を型に流し入れる。その後、高温の薪窯で焼く。ソッカはいわゆるクレープと同じ方法で焼かれることもある。ニースでは、サレヤ広場の市場や旧市街の店で売られており、散策しながら食べるのがおすすめだ。

◉中南米――トウモロコシのパンケーキ

南アメリカや中央アメリカには、屋台で買って食べるのにうってつけのパンケーキがある。踊りにいった帰りの深夜も含めて、一日中いつでも食べられる。トウモロコシを原料としているのが特徴だ。本書では、固めの生地《ドウ》（マーサ masa）から作られるトルティーヤな

カチャパ。ベネズエラ起源のパンケーキで、塩味がきいている。

どの平らなパンはパンケーキの分類から除外しているが、ゆるい生地《バッター》から作られる、パンケーキにかなり近い種類のものもたくさんある。

たとえばベネズエラのカチャパ（cachapas）は、新鮮なトウモロコシを昔ながらの手法ですりつぶして作る。それをやわらかい生地に混ぜ、鉄板で焼くのが現代風のカチャパだ。ケソ・ブランコ（白チーズ）をのせて、折りたたんで食べる。カチャパのよいところは、素朴で、ほのかな甘みがあり、屋台で買って歩きながら食べられるという点にある（ちなみにカチャパという単語は、ふたりの女性が愛を交わすという意味のスラングでもある。その理由は読者の想像におまかせするしかない）。

アメリカやヨーロッパで手に入る種類のトウモロコシでカチャパを作るのは、少々むずかしい。その場合、生地をまとめるために、トウモロコシ粉に牛乳を加える必要がある。南アメリカのトウモロコシはかなり粘りけがあるので、つなぎの役目をはたすものを加えなくても、生地がうまくまとまる。モッツァレラなどの白チーズを加えてもよいが、新鮮なトウモロコシ粉の風味を損なうものは避けたほうがよい。

同じベネズエラ起源のパンケーキに、カチャパに似ていて、あちこちで売られているアレパ（arepa）がある。あらかじめ茹《ゆ》でておいた乾燥トウモロコシを粉末にして生地を作り、手で円形に成形してから鉄板の上で焼く。焼きあがったら半分に割り、チーズや肉など、好みの具をはさむ。ひき肉とアボカド、チーズを加えたレイナ・ペピアーダ（reina pepiada）と呼ばれるものもある。豚肉や鶏肉をはさんだり、ジャムをはさんだりした甘いものもある。

アレパの仲間のなかには、さらにパンケーキに近いものがある。たとえば、コロンビアのアレパは平らで薄く、コスタリカのアレパは生地を鉄板に流し入れて焼く。これらはまぎれもないパンケーキである。メキシコのゴルディータ（gorditas）や、エルサルバドルのププサ（pupusas）も、トウモロコシを使ったパンケーキの仲間だと考えてよい。これらはすべて、店や屋台（areperas / pupuserias「アレパ屋、ププサ屋」の意）で売られている。こうした店は、ハンバーガーやホットドッグなどを売るファストフード・スタンドの手ごわい競争相手になっている。使われている香辛料はそれぞれ異なるが、これらはすべて、何百年も前から（つまりヨーロッパ人と接触する前から）先住民が作り続けてきたものと基本的に同じである。

◉アフリカのパンケーキ

大西洋をへだてたモロッコには、ベグリール（beghrir）と呼ばれるパンケーキがある。とてもおいしいパンケーキだ。セモリナ粉をイーストでふくらませて作る点がめずらしい。風味をよくしたい場合は、牛乳や卵、はちみつを加える。

ベグリールは片面だけ焼くため、スポンジ状の表面にはインジェラと同じように大きな気泡がたくさんあいている。といっても、ベグリールの直径はインジェラのそれよりもずっと小さい。フランス語ではクレープ・ミル・トルー（crêpes mille trous　１０００個の穴のクレープ）と呼ばれることもある。屋台で売られるときは、たいてい見栄えがするように何枚も重ね、きれいな円形に積み上げられている。はちみつとバターをかけて、それを気泡の穴にしみこませてから食べる。

ベグリールはストリートフードであると同時に、ラマダーンの期間（つまりその日没後）

北アフリカのベグリール。片面だけを焼くため、表面には気泡による穴が多数あいている。

の食べ物でもある。ラマダーンはイスラム教の断食月を意味し、その期間中は昼間のあいだはなにも口にすることができない。夜になると断食があけ、「フトゥール（f tour）」すなわち断食あけの食事の時間となる。

フンカソ（funkaso）は西アフリカのパンケーキで、キビ粉と水だけで作られる。エチオピアのインジェラに似ているが、もっと小さく、作るのも簡単だ。何時間も醱酵させるため、軽い食感になる。ハウサ人のあいだでは、ふつうは朝食用の食べ物とされているが、忙しい人は屋台で買っておやつがわりに食べたりもする。

◉アジアのパンケーキ

持ち運べるパンケーキ文化が完全に花開いたのは、おそらくアジアにおいてだろう。

タイの路上では、米粉とタピオカ粉から作ったパック・モー（pak moh）という、小ぶりで優雅なパンケーキを買うことができる。これを分類するとすれば、パンケーキと団子の中間にあたる。パック・モーは基本的に蒸して食べるものだという点で、ほかのどのパンケーキとも異なる。作る際には、布を張った小型の蒸し器が用いられる。布の上に生地を注ぎ入れ、全体を円すい形のふたで覆う。蒸しあがったら具をのせて折りたたみ、包んだ具ととも

エッグホッパー。油で揚げた目玉焼きを薄いクレープの上にのせたスリランカ料理。

に食べる。具にはココナッツや豚肉、エビ、モヤシなどの野菜が使われる。

ほとんどのストリートフードには、たまらなく魅力的な食感と味の組みあわせが備わっている。やわらかさと歯触りのよさ、甘さと酸味、香ばしさと刺激的な辛さ……。ここで少し立ちどまって、ストリートフードのなかで成功しているものについて考えてみると、その共通点は、持ち運びがしやすいというだけでなく、異なる味が複雑に組みあわさったフルコースの食事に似ていることだと気づくだろう。ハンバーガーでさえ、香ばしい肉や、歯触りのよいレタス、甘いケチャップ、酸っぱいピクルスを組みあわせてあり、小さいながらも、ちょっとしたフルコースの食事と似た側面がある。タイ料理全般にも、そのような味の組みあわせがもちろんみられるが、とくにパック・モーは、理想的なストリートフードに必要とされる要件をすべて満たしている。

少し練習すれば、薄い綿の布かふきんを蒸し器の上に張ったものを用いて、家庭でも簡単にパック・モーを作れる。まず、ひもか硬いゴムで、蒸し器に布を縛りつける。布の表面に軽く脂を塗っておけば、あとで生地をはがしやすい。米粉とタピオカ粉（どちらも東南アジアの食料品店で手に入る）を2対1の割合で混ぜ、水と塩を加える。布の上に生地を流し入れて薄くのばし、その上からふたをかぶせる。このとき、ふたが生地に触れないように、ドーム型のふたか、逆さまにしたボウルが必要になる。2～3分後、蒸しあがったら具をのせて包み、慎重に皿に移す。具材は手に入るものならなんでもよい。あらかじめ火をとおし、コリアンダーやココナッツ、魚醤《ぎょしょう》などで味をととのえておく。

インドネシアには、パック・モーの親類と呼べるものがある。ダダール・グルン（dadar gulung）は、あらかじめ甘く味つけしたココナッツや、ときには甘い豆、ジャックフルーツ、木の実などを、パンダンの葉を使って黄緑色に色づけしたパンケーキで包んだものである。ダダールはオムレツを、グルンは包むことを意味する。ダダール・グルンは、街角の屋台で買って軽食として食べたり、レストランでの食事の際にデザートとして食べたりする。蒸すのではなく、ほかのパンケーキと同じように油をひいたフライパンで焼くが、具はパック・モーとよく似ている。

ベトナムやカンボジアのバインセオ（bánh xèo）についても、同じことがいえる。米粉とココナッツミルクから作られるバインセオは、ターメリックで色づけした黄色いパンケーキであり、紙のように薄い。やはり路上で軽食として売られている。「バインセオ」というのは、生地が熱い鉄板に触れたときの音をまねた擬音語だという説もある。具は基本的に春巻きと同じである（しゃきしゃきとしたキャベツ、コリアンダー、モヤシ、キノコ、エビ、豚肉など）。半分に折って、魚醤、ニンニク、赤トウガラシ、ライムの果汁を混ぜたソースにつけて食べる。

バインセオという料理名は、フライパンで生地を焼くときの音に由来するといわれている。

こうしたアジアのパンケーキは、いずれもストリートフードの要件を満たしている。色もちがえば、ベースとなるでんぷんや調理法も異なり、西洋のパンケーキとは本質的に別のものである。

マレーシアやシンガポールには、ムルタバ（murtabak）がある。東南アジアのほかのパンケーキと似ているが、水分量の少ない生地をこねて作るものであり、厳密にいえばパンケーキとは呼べない。

しかし、緑豆の粉を水で溶いた生地を鉄板の上に落として焼く、韓国のビンジャトックをパンケーキの分類に加えてもよいかもしれない。生地の上に豚肉の切り身やキムチ（醱酵させた白菜の漬物）を並べて焼き、しばらくしたらひっくり返す。韓国版パンケーキのなかでも最も人気があるのは、ホットク（ホ・トック）だ。ふつうは冬に屋台で売られる。ヒンジャトックとは対照的に、こちらは甘い。黒糖入りの餡や、シナモンとはちみつにゴマを加えたもの、クルミを加えたものなどがある。トックとは、韓国の伝統的な菓子全般をさしている。種類も豊富で、さまざまな機会に食される。

ひとこと書き添えておくと、ストリートフードとしてのパンケーキが英語圏にほとんど見あたらないのは興味深い。おそらく英語圏の人々が、さらっとしたシロップに執着しているためか、あるいは、朝食や特定の行事と強いつながりを感じているからなのだろう。

ここで、アイスクリームのコーンに触れておかなければならない。アイスクリームのコーンは、基本的にはパリパリとした中世のパンケーキであり、それを円すい形に丸め、アイスクリームを詰めている。これはまさに、パンケーキの遠い末裔なのである。

第5章◉労働者のパンケーキ

◉パンケーキは「肉」である

パンケーキは食べごたえがあるうえに栄養価が高く、鉱山や山林で働く人や、都市で働く労働者にとって、うってつけの食べ物であることは議論の余地がない。安いので大量に食べることができ、でんぷん質の穀物を主食とするすべての文化において、パンケーキは代表的な栄養源になっている。ウェートレスが給仕するダイナーから、アカラやドーサを作る簡易キッチンにいたるまで、地球上のあらゆる場所で、パンケーキは労働者の貴重な栄養源となってきたのである。

労働者の理想的な食べ物としてのパンケーキの地位は、19世紀にプロレタリア階級が誕生

パンケーキを作る様子を描いた風俗画

して以降、とくに明確になった。労働者の手元には限られた食費と貧弱な調理設備しかなかったが、パンケーキに必要な材料は地元の農場で簡単に手に入る場合が多かったこともあり、農村で暮らす労働者は以前からパンケーキに魅せられていた。

東イングランドのウィリアム・エリスは『農村の主婦の友 *Country Housewife's Family Companion*』（1750年）という著書の1章を、パンケーキにさいている。「パンケーキは、農民や自由農《ヨーマン》、ジェントルマン階級にとって、じつに好都合な食べ物だ。とくに農民にとっては、なによりも手軽に食べられるもののひとつに数えられる。なぜなら、パンケーキに必要な材料は、すべて自分たちの農場で作ることが可能で、いつでも自由に使うことができるからだ。燃料代もそれほどかからない。簡単に作れるうえに、携帯性にもすぐれ、肉とパンの役目もはたしている……」。ここでエリスがいわんとするところは、貧しい家庭にとっては、ほとんどのパンケーキで使用されている牛乳と卵が、肉のかわりになっているという点だ。また、裕福な自由農や地主階級にとっては、倹約の一手段になりうる。

その一方で、角切りのピックルドポーク（豚肉の酢漬け）入りのパンケーキや、ベーコン・パンケーキなどもある。ベーコン・パンケーキは、「農民やそのほかの人々の腹を満たすのに、おおいに役立つ」。こうした話を聞くと、農民と深いつながりのあるスウェーデンのパンケーキ「フラスクパンカーカ（flaeskpannkaka ベーコンのパンケーキ）」を思い出す。エリスはそのあと、ハートフォードシャー州で食べられているありきたりのパンケーキについて、長々と説明を続ける。小麦粉、牛乳、卵、ショウガ入りのシンプルな生地をラードで焼いて裏返し、両面を焼いたら、あたたかいうちに食べる。そうすると胃がもたれることがない。牛乳がない場合は、かわりにビールを入れる。牛乳を使ったものに比べると味は劣るが、「おなかを満たすことが先決であれば、これで十分」だ。

農民の食習慣や、その食生活におけるパンケーキの重要性の一端を、エリスは教えてくれる。エリスが注目しているのは貧しい人々だ。日雇い労働者の妻は、水と小麦粉に、なぜかショウガの粉（エリスの文章から察すると、砂糖や牛乳よりも安価だったと思われる）を加

考えごとをしながら朝食のパンケーキを焼く女性（1942 年、アメリカ・メイン州）

えてパンケーキを作る。同書のなかの「裕福な人々」向けのレシピでは、当然ながらバターやクリームが使われている。そのレシピは、同じく18世紀にイギリスで刊行された、別の料理書のレシピにかなり近い。

●きこりのフラップジャック

パンケーキはアメリカの労働者、とりわけ木材伐採人や鉱山労働者のような、奥地で重労働に従事する人々が常食とする食べ物でもあった。簡単かつ手早く調理できるので、彼らの労働環境にはうってつけだった。小麦粉は持ち運びが容易で、火のあるところなら、鋳物のフライパンを使ってすぐにパンケーキが焼ける。これは農業労働

第２次世界大戦中の米軍兵士。パンケーキは故郷をしのばせる食べ物だった。

者の昼食にもあてはまる。自宅から遠く離れた場所で働いている場合はなおさらだ。

労働者が食べるパンケーキは、材料だけでなく、上にかけるシロップも地域によって異なる。南部では、19世紀にアフリカから入ってきたサトウモロコシのシロップが好まれる。北部ではメープルシロップが一般的だ。カエデの幹に傷をつけて樹液を採取する方法は、先住民から教わった方法だと伝えられている。その説が正しい可能性も否定はできないが、樹液を煮詰めてシロップにする方法は、糖蜜で作るゴールデンシロップの代用品として、開拓者によって考案されたのではないかと思われる。今では完全にメープルシロップが主流になっているが、現在販売されているメープルシロップの大半は、フェヌグリークや合成調味料、コーンシロップで人工的に風味がつけられている。

アメリカの民間伝承のなかで、最も愛されてきた登場人物といえるのが、木材伐採人（きこり）だ。赤いチェック柄のフランネルのシャツに、ブーツとサスペンダー（ズボン吊り）を身につけ、旺盛な食欲の持ち主として知られる。

ほかの食べ物をさしおいて、フラップジャック（パンケーキの一種）が彼らと関連づけられるようになったのには理由がある。伐採場のコックが短時間で大量に調理できるもののひとつが、フラップジャックにほかならなかったからだ。重労働に耐える「燃料」として、朝食に食べごたえのあるものを食べる必要があったことも、その理由のひとつにあげられる。

彼らがなにを食べていたのかと想像すると、真っ先にパンケーキが思い浮かぶ。民間伝承に登場する巨人のきこりとして有名なポール・バニヤンも、「サワードウ・サム」という名のコックを雇っていた。フラップジャックを焼くときにサムが使っていたグリドル（鉄板）があまりに大きかったため、両足にベーコンを巻きつけた男たちに鉄板の上でスケートをさせて、グリドルの表面に脂を塗っていたという話も伝えられている。

サワードウ・サムという名前が示すとおり、フラップジャックはサワードウ（天然酵母の生地）を元種《もとだね》として、そのつど新鮮な粉と水をつぎ足しながら作られていた。まず、元種の一部に新鮮な粉と水を混ぜて、通常は一晩、醱酵が進むまで寝かせておく。そして翌朝、それを焼いて朝食にする。木材伐採人と同じように、漁師や山男たちもサワードウの元種を利用していた。

当時のサワードウは、現在のようにパンを焼くために用いられるのではなく、開拓地の奥地に滞在中の、窯をもたない人々が利用するものだった。天然酵母の利点は、完全には密閉できない容器でも保存が可能で、きちんと手入れをすれば永久に使えることにある。

フラップジャックという単語は、それ自体が興味深い。その起源はオールドウエスト［19世紀フロンティア期の米国西部地域をさす］よりもかなり古い。シェイクスピアも、戯曲『ペリクリーズ』のなかで、漁師のせりふとしてこの言葉を使っている。「祭日には肉、禁肉日には魚、おまけにプディングやフラップジャックも食わせてやろう」（第2幕第1場）。この単語は、「フラップ flap」あるいは「フロップ flop」「フリップ flip」（いずれも、「ひっくり返す」の意）という単語に由来している可能性が高い。

前述したように、フラップジャックというのは植民地時代のアメリカで使われていた言葉であり、おそらく「ジャック」という語尾は、木材伐採人《ランバージャック》にとって非常に親しみのわく言葉だったはずだ。「ジャック」というのは平凡な男、すなわち粗野で陽気な労働者階級の男を意味していた。18世紀後期以降に使われていた「フランネル・ケーキ」という呼称にも、木材伐採人が身につけていた服装との関連がうかがえる。

◉鉱山労働者とカウボーイ

鉱山労働者もまた、一般的なイメージのなかでパンケーキと関連づけられてきた。実際にもそのとおりだった。たとえば「オールド・パンケーキ」といえば、ヘンリー・コムストック（ネバダ州バージニアシティ近郊の、大きな銀鉱床の名前の由来となった人物）のあだ名だった。

じつをいうと、コムストックはほら吹きの悪党だ。発見された鉱床の権利をだまし取り、のちにそれを売りとばしてしまったのである。そして最後は、モンタナ州で自殺をはかり、不面目な最期をとげた。いずれにしても、いつも食べていたパンケーキにちなんで、コムストックにこのあだ名がつけられたのだといわれている。

1890年代にカナダ北西部のユーコンがゴールドラッシュに沸いた際には、鉱山労働者は「サワードウ」と呼ばれていた。彼らは、元種が凍るのを防ぐために、サワードウをふところであたためながら眠ったという。

いうまでもなく、カウボーイもパンケーキと密接な関係がある。短編小説の名手として知られるO・ヘンリーの小説「ピミエンタのパンケーキ」［『赤い酋長の身代金』理論社に収録］のなかでも、そのことがはっきりと示されている。話し上手で拳銃つかいのカウボーイが、ある若い女性をめぐって恋のさや当てを演じ、しゃれ者の羊飼いに裏をかかれる物語だ。

羊飼いは、自分が興味をもっているのは純粋に料理に関することだけだと主張する。そして彼は、自分が手に入れたいのは、その女性が一家の秘伝として守り続ける、完璧なパンケーキのレシピなのだと告げる。カウボーイが知らないうちに、恋敵の羊飼いは、思いをよせる女性とそのおじに対して次のように警告する。もしも、くだんのカウボーイがパンケーキの話をもちだしたら、それはかつてフライパンで襲われたときの古傷がもとで錯乱状態に陥っているせいなので、そのときは話題を変えて落ち着かせたほうがいい。結局、その策略はうまくいった。羊飼いはその女性と結婚し、カウボーイはその後、パンケーキの逸話のせいで、いつまでも笑いものにされることになった。

◉ガレット――ソバ粉で作るパンケーキ

労働者階級とパンケーキとの関連性は世界中にみられる。たとえば、フランスのクレープ

屋台のガレット売り

のなかでもとくに変わったクレープとして、ゲール文化起源のブルトン・ガレット（ブルターニュ風ガレット）がある。ブルトン・ガレットは、フランス北西部の貧しい農民のあいだで昔から食べられてきた。ブルトン語では「クランプーズ（krampouz）」と呼ばれている。ウェールズ語で小さなパンケーキ全般を意味する「クレンポッグ（crempog）」との関連性が指摘されており、両者はきわめて古い共通の起源をもっていることがわかる。

ブルターニュ地方では、ソバの粉から作られる。この地域は雨が多く、土地がやせているために小麦が育ちにくい。そのためソバが主食となった。フランス語でソバを意味する「サラザン（sarrasin）」という単語からは、サラセン人やムーア人との関連性がうかがえるが、おそらくは15世紀にオランダ人によってもちこまれたものだと思われる。辺境に位置するブルターニュは、近代のはじめには比較的貧しかったため、ソバ粥（gruel）やガレットが労働者階級にとっての主要なカロリー供給源のひとつになっていた。

ふつうのクレープとはちがって、ガレットは塩味であるのが特徴だ。片面だけ焼いて、グリュイエールチーズ、ハム、卵をのせる（これは「ガレット・コンプレ」と呼ばれている）。あるいは、マッシュルームと鶏肉のクリーム煮などをのせることもある。サーディンをのせたガレットもある。ソーセージを包んで簡単に持ち運べるようにしたものもあり、祭りの際によくみかける。

風味が豊かで種類も多いガレットは、ふつうは小さなガレット専門店で座って食べる。興味深いことに、焼きあがった生地は、巻くのではなく正方形に折りたたまれる場合が多い。冷たいシードル［リンゴの発泡酒］を陶器のマグカップに注ぎ、それを飲みながら食べるのが理想的だ。昔ながらの食べ方として、レ・リボ（バターミルク）にひたしながら食べることもある。

ガレットは、かつては三本脚の丸いグリドル――ブルトン語では「ピリング（pillig）」、フランス語では「ガレアトワール（galéatoire）」――で焼かれていた。今では電気式のグリドルが使われることが多い。「ロゼル（rozelle）」もしくは「ルアーブル（rouable）」と呼ばれる小さな道具（先端に短い横木のついた棒）を使って、できるだけ薄く生地をのばす。ガレットは焼き方もおもしろい。まだ十分に火の通っていない生地の表面で円を描くようにロゼルを動かすと、紙のように薄いソバ粉のクレープができあがる。

アカディア地方（現在のカナダの一部と、アメリカのメイン州にまたがるフランス語圏）では、「プロイ（ploye）」や「プログ（plogue）」と呼ばれる、ソバ粉のガレットの子孫といえるものが食べられている。「折りたたむ」という意味の動詞「プリエ（plier）」となんらかの関連性がありそうだが、もしかしたら別の語源に由来するのかもしれない。シロップをかけて甘くしてもよいが、フランスの田舎で食べられているリエットに似た、「クルトン（cretons）」と呼ばれる豚肉のパテを塗って食べるのが、プロイの伝統的な食べ方だ。

興味深いことに、アカディアでは、ソバ粉はフランス語の「サラザン」ではなく、フランス語化された英語またはオランダ語のように聞こえる「ボクウィット（bockouite）」と呼ばれている。植民地時代のフランス人入植者の苦労をしのばせる食べ物として、アカディアではこうしたパンケーキが特別な意味をもっている。

◉「1シリングでできる料理」

都市部の労働者のあいだでパンケーキが広く食べられている理由は、材料が手軽に手に入り、貧弱な設備のキッチンでも作ることが可能だからだ。アレクシス・ソワイエが19世紀に出版した料理本『庶民のための1シリングでできる料理法 *Shilling Cookery for the People*』には、労働者のためのレシピが紹介されている。ソワイエは、裕福なパトロン向けのパンケーキを作るときは卵4個（そしておそらくリンゴ、干しブドウ、ショウガ少々）を使っていたようだが、その一方で労働者向けにシンプルに作る方法にも言及している。「卵を2個だけにする場合は、粉や牛乳をやや多めに加える」。つつましい家庭では、こうしたパンケーキを飾るものといえば、せいぜいひとふりの砂糖と、数滴のレモン汁程度だったにちがいない。

パンケーキは貧しい人々にだけ愛されている食べ物だという結論をくだしてしまわないように、次章では、レストランや美食家に選ばれた非常に手のこんだパンケーキ——高級料理としてのパンケーキ——に目を向けてみることにしよう。

クレープの正しい焼き方を指導する女性（19 世紀末）

第6章 ◉ 豪華なパンケーキ

安価でシンプルな材料さえあれば作れるにもかかわらず、パンケーキはとびきり豪華で洗練された食事にもなる。ブリヌイ（ブリニ）やクレープ、ジャムをたっぷり塗ったパンケーキが、東欧諸国で高級料理として食べられるようになったいきさつを考えると、そこには魅力的かつ驚きの物語が浮かびあがってくる。パンケーキというシンプルな食べ物が高級料理として食べられているのは、そのたぐいまれな万能性によるところが大きい。たとえば高価な酒をひとふりしたり、キャビアを少しのせたりすれば、甘いパンケーキや塩味のパンケーキが、たちまち高級料理の仲間入りをする。

◉ブリヌイ（ロシア）

洗練されたパンケーキのなかでも、とくに人気のあるものといえば、真っ先にロシアのブリヌイが思い浮かぶ。オードブルとして供される、キャビアとサワークリームをのせた小ぶりのものに加えて、折り曲げたタイプの大きなブリヌイが、フランス料理の専門家のあいだで大きく注目されてきた。

フランスにキャビアがもたらされたのは、19世紀の終わりにロシアへの関心が高まったことがきっかけだったが、じつはそれ以前から、ブリヌイは料理書に登場していた（ただし、ロシアではなくポーランドと関連づけられることがあった）。マリー＝アントワーヌ（アントナン）・カレームは、『フランス料理の技術 *L'Art de La Cuisine Française*』（1833年）という著書のなかで、「ブリニ（blignis）」という豪華で異国情緒あふれるレシピを紹介している。牛乳、米粉（細かく砕いてふるいにかけたキャロライナ米）、膨張剤、卵を材料とするこの料理は、ふたつのフライパンと大量の澄ましバターを必要とし、非常に手のかかるものだった。

これらの材料をもとに、カレームは小さくて食べやすいオードブルを作りあげた。今では、米粉のかわりに小麦粉やソバ粉を使って作られることもある（もともとはソバ粉が使わ

ロシアでは、新年になるとシャンパンやウォッカとともにブリヌイを食べる。

れていた)。

ブリヌイは最初から高級料理だったわけではない。古期スラブ語では元来、「臼でひく」という意味の「mlin」という単語が使われ、臼でひいていない穀物(ポリッジの材料として使われる)とは区別されていた。この単語とブリヌイ(単数形ではブリーン)との関連は、かなり古い時代にさかのぼる。懺悔季節の期間中にパンケーキが食されるのと同様に、ブリヌイはふつう、懺悔季節の際に食べられる。キリスト教が入ってくるより前の時代でさえ、古代スラブ人は明るい色合いの丸いブリヌイ(おそらく太陽の復活を象徴している)を食べながら春の祝祭を祝っていた。

現在、この祝祭はマースレニッツァ(maslenitsa)として祝われ(懺悔火曜日に相当)、ロシア版のパンケーキ週間「バター・ウィーク」はイギリスのパンケーキ・デーに相当する。マルディグラと同じく、この日は仮面をつけてお祭り騒ぎをするのが特徴だ。そして、きらびやかに飾ったレディー・マースレニッツァの人形から飾り物がはぎとられ、残り物のブリヌイとともに盛大に燃やされる。燃えつきたあとに残った灰は大地にささげられる。長いあいだ途切れていたこの祝祭が、ソビエト連邦の崩壊後、いくつかの地区でふたたび祝われるようになった。

ロシアでは、ブリヌイは埋葬式(葬儀)のあとにも食される。ドストエフスキーの遺作

『カラマーゾフの兄弟』には、幼いイリューシャの葬儀の場面で次のような発言がある。「なにもかも変ですよね、カラマーゾフさん。こんな悲しいときに、パンケーキがでてくるなんて、ぼくたちの宗教からするととても不自然ではありませんか！」。多くの文化で共通してみられるように、こうした風習には、亡くなった人を祝福し、悲しみにくれる人々を慰める意味がある。また、パンケーキの材料である卵が象徴する、復活と永遠の生を導くという意味あいもこめられているようだ。

ブリヌイとは別に、ブリンチキと呼ばれるものもあるが、このふたつは別物と考える必要がある。イーストを使わず、具を詰めて巻いてあるのがブリンチキの特徴だ。ブリンチキという単語はブリンツの語源でもある。ブリンツはカリカリになるまで揚げてあるのでパンケーキとは呼べない。本格的なブリヌイを焼くには、ブリヌイ専用に作られた直径6インチ（約15センチ）の小さなフライパンが必要となる。当然のことながら、最初の1枚はうまく焼けない。ことわざにもあるように、「1枚目は犬に」与えるのが賢明だ。

ブリヌイは、客人をもてなすときの歓迎のシンボルとしても使われる。19世紀のなかばに東ロシアのステップ地帯を旅行したイギリス人女性ルーシー・アトキンソンは、『タタールのステップおよびそれらの住民の記憶 *Recollections of Tartar Steppes*』（1863年）という著書のなかで、すばらしい逸話を紹介している。

ちょうど謝肉祭《カーニバル》の時期にルーシーがエカチェリンブルクに到着すると、「この週には、どの家に行っても、それがいつ何時であっても、かならずブリヌイという軽い食感のパンケーキでもてなされる。ブリヌイには澄ましバターとキャビアがそえられている。のちに、わたしはそれを食べられないのだといっても、誰も理解してくれる気配はなかった。ロシアで何年も暮らしたあとにはなおさらだった」。

ブリヌイを断ることは礼儀を欠いた行為とみなされ、歓迎と吉報を意味する伝統的しきたりを否定するものだととらえられている。こうした特別な機会には、来客のためにとっておきのブリヌイが用意される。ブリヌイは特別な日に適したパンケーキだ。西洋では、大みそかの晩に、とびきり高価で優雅な食事のひとつとして小型のブリヌイが食卓にのぼることが多いのも、おそらくそのためだ。

◉パラチンタ（東欧）

「パラチンタ（palacsinta）」と呼ばれるすばらしいパンケーキにも触れておきたい。パラチンタはハンガリーに起源をもつが、東欧諸国のどこにいっても人気がある。最初のうちは、ジャムをはさんで四つ折りにしたシンプルなパンケーキとして食べられていたが、オースト

パラチンタ。オーストリア＝ハンガリー帝国の宮殿で食べられていた。

リア＝ハンガリー帝国の宮殿で食べられるようになって洗練されたものになった。ヨハン・シュトラウス——あるいはリストのほうがよいかもしれない——の音楽が流れ、テーブルのまわりでワルツを踊る人がいるような空間で食されたのである。

パラチンタは、オーストリアでは「パラチンケン（palatschinken）」と呼ばれている。どちらの呼称も、ケーキを意味するラテン語の「プラチェンタ（placenta）」に由来する。おそらく、ルーマニア語でケーキを意味する「プラチンタ（plàcintà）」を経由しているのではないかと思われる。ただし、現在のルーマニアでプラチンタといえば、フィロあるいはシュトルーデルに使われるような生地《ドウ》を使って焼いた、パイに近い食べ物をさす。

パラチンタには、刻んだ子牛肉（hortobágyi）やハム（sonkas）を詰めた塩味のものもある。具を巻いてから、トウガラシ粉を加えたサワークリームのソースをかけて焼く。しかし究極のパラチンタといえるのは、タワーのように何枚も積みあげた「すべりこみ」のパラチンタと呼ばれるものだろう。フライパンからすべらすようにして次々に重ねていくことから、この名前がついたと思われる。

とくになにもかけずにそのまま食べることもあれば、木の実やチョコレートソース、あるいはバナナなどをはさんで、ウエディングケーキよろしく豪快に切りわけて食べることもある。パラチンタには文字どおり数百のバリエーションがある。

◉南米のエレガントなパンケーキ

南米には高級料理といえるようなパンケーキはないと思っている人もいるかもしれない。しかし、古いかたちのパンケーキとその名前は、多少変化がみられるものの、今でも残っている。「パンケケ・デ・ドゥルセ・デ・レチェ（Panqueque de dulce de leche）」（文字どおりの意味は、甘い牛乳のパンケーキ）は、牛乳と砂糖を煮詰めた濃厚なソースをかけて食べる。こうしたアルゼンチン風のパンケーキは、エレガントなパンケーキの代表例といえる。

あまりよくは知られていないものの、もう少し質素なタイプのパンケーキも仲間に入れておいたほうがよいかもしれない。これもやはり、初期のころはそれほど豪華な料理ではなかったが、今ではアメリカ南部の高級な宿屋《イン》などでもメニューのひとつに加えられている。その料理とは、サツマイモ（Ipomoea batatas ヤムイモとはちがうので注意が必要）を使ったパンケーキである。サツマイモのほかに、小麦粉、卵、牛乳を加えて生地を作り、焼きあげる。ペカン［クルミ科の落葉高木］の実を飾って、メープルシロップをかけると、それはそれはすばらしい風味のパンケーキができあがる。

クレープ・シュゼット。フランスのデザート・パンケーキ。

◉クレープ・シュゼット（フランス）

しかしながら、高級料理としてのパンケーキのなかでも、クレープ・シュゼットほど有名なものはない。

このクレープの起源は1895年（別の説では1896年）にさかのぼるとされている。それによると、クレープ・シュゼットは、モンテカルロのカフェ・ド・パリで、アンリ・シャルパンティエによって考案された。英国皇太子（のちのエドワード7世）が食べるクレープの係（見習い）だったシャルパンティエ（当時14歳）は、ソースに含まれていたコーディアル酒（リキュール）に誤って火をつけてしまった。ところがそれを一口食べてみると、じつにすばらしい味だった。シャルパンティエはさっそく、宮殿で開かれたパーティーでその料理を披露した。「クレープ・プリンセス」という名前で出したものの、皇太子はパーティーに参加していた女性（おそらく恋人）の名前をとって「クレープ・シュゼット」と名づけるように提案した。シャルパンティエはのちに、クレープ・シュゼットを生みだした功績をたたえられ、指輪とパナマ帽、ステッキを贈られている。

別の説では、シュゼットというのは、その場に居あわせたジェントルマン階級の娘の名前にすぎないとされている。また、シュゼット（スザンヌ）・ライヘンブルクという女優の名前に由来するという説もある。ライヘンブルクは、コメディー・フランセーズ（国立劇場）のステージで奴隷役を演じることになり、マリボー・レストランのジョゼフという料理人の手になるパンケーキを食べるよう、無理強いされたのである。

さらに別の説では、ルイ15世の愛情を得ようとするシュゼット・カリニヤンという貴族女性のために、ジャン・ラドゥーという料理人が創作したとされている。文献によっては、そのときの王をルイ14世としているものもある。ラドゥーは1667年に『完璧なジャム職人 *Parfait Confiturieur* (*sic*)』という料理書を出版したとされている。じつをいうと、ジャン・ラドゥーの名前で出版されたこの本のほんとうの著者は、フランソワーズ・ピエール・ド・

ラ・バレンヌという有名な料理人だった。同書はお菓子作りについて書かれたものであり、クレープと呼べるようなレシピは紹介されていない。ラ・バレンヌが書いた焼き菓子の本『フランスの菓子職人 *Le Patissier François*』にもパンケーキについては言及されていない。

ラ・バレンヌは、この本の英語版の翻訳者である「ミスター・マルネット」に対して、「本書では省かれている、フランドルおよびオランダ流にいうところのパン・ケーキ」の章を付け加えるようにとうながしている。要するに、古い時期に書かれたフランスの料理本には、クレープに関する記述はなかったのである。

しかし、クレープに関するすぐれた著作を残した人物もいる。オグスト・エスコフィエである。エスコフィエは、クレープ・シュゼットに言及した初の文献となる書物を残している。その本では、クレープ・シュゼットは「シュゼット・パンケーキ」と呼ばれている。まるでイギリス人が発案したもののように聞こえるが、じつをいうとエスコフィエは、ロンドンのリッツ・ホテルに勤めていた。

エスコフィエのレシピでは、まず、キュラソー、マンダリンオレンジの果汁、ブランデー入りのバターで生地に風味をつける。次に、砂糖、バター、オレンジの果汁でソースを作る。火をつけるときは、コアントローかキュラソーにラム酒かベネディクティン酒を加えたものを用い、その炎が消える前に、少量のブランデーかグランマルニエを注いでふたたび炎に勢いをつける。現在のクレープ・シュゼットは、よくあるような薄いクレープに、オレンジの果汁、砂糖、オレンジの皮で作ったソースをかけ、グランマルニエを注いでフランベしている。

終章◉おなかが鳴ったら

　ここまでみてきたように、パンケーキはたんに世界中で食べられているだけでなく、じつにさまざまな役割を演じている。デザートのビュッフェで主役を演じることもあれば、おなかをすかせた子供たちや、重労働に従事する男たちにとっての家庭の味を演じることもある。遠く離れた地球のどこかでは、ストリートフードとしても食べられている。

　パンケーキはエレガントな食べ物であると同時に、シンプルな食べ物でもある。素朴であると同時に洗練されている。食べ慣れたものでもあり、異国情緒がただようものでもある。これほど多様で、これほど多くの人に食べられている料理は、パンケーキをおいてほかにない。しかも、パンケーキは基本的にすべて同じ食べ物なのである。どれもみな、生地をフライパンで焼いているにすぎない。

最後に、イギリスの詩人クリスティーナ・G・ロセッティ（1830〜1894）の手になるパンケーキの短い詩を紹介しよう。クリスティーナは、画家であり詩人のダンテ・ゲイブリエル・ロセッティの妹であり、兄が描いた「聖母マリアの少女時代」という作品のなかにも登場している。本書を読んでおなかがグゥーと鳴ったら、クリスティーナのアドバイスをいますぐ実行されんことを、強く提案したいと思う。

パンケーキを混ぜて
パンケーキをかき回して
フライパンに流しこもう
パンケーキを焼いて
パンケーキを放り投げて
上手にひっくり返そう

パンケーキの生地を作る

謝辞

本書を執筆するにあたっては多くの人にお世話になった。レシピを送ってくれたり、フライパンを貸してくれたり、励ましの言葉をかけてくれた人々にお礼を申し上げる。おかげで研究休暇を有意義にすごすことができた。最初にアンディ・スミスに感謝したい。アンディは本書執筆のきっかけを与えてくれた。アンディが編集に携わった本のファンであるわたしには、アンディの提案を断ることができなかった。「なにかおもしろい本を書きたくないかい？」とアンディに聞かれたとき、わたしはあまり深く考えずに「パンケーキなんてどうかな？」と答えた。その結果が本書として結実した。パンケーキに関する本を執筆していることを知り、さまざまなかたちで応援してくれた人々にもお礼を申し上げたい。教え子のジョージ・ヤギはウィリアム・エリスがパンケーキについて言及していることを教えてくれた。同僚のワイルド・ビル・スワガティはオールド・パンケーキ・カムストックについて教示してくれた。前学部長ボブ・コックスは中期英語の opacum についていっしょになって考えてくれた。フォリーズはパラチンタ・バラキッゼルのレシピを教えてくれた。サンディ・クーパーマンはムンク・パンを貸してくれたうえに、母上秘伝のエーブレスキーバのレシピを教えてくれた。友人のウィリアム・ラベルは電子書籍の料理書を送ってくれた。ふたりの子供たちイー・ボーンとムーキー、そして妻は、試しに作ったパンケーキを実際に食べてくれた。ナンシー・エレン・ジョーンズには特別な感謝の意を表したい。ナンシーは我が家にやってきて、毎日のようにパンケーキの写真を撮影してくれた。古くからの友人クリス・マーティンは撮影のセッティングなどを手伝ってくれた（大食漢であることも役立った）。チュン・ソカン・Yは、わたしのクラスのお気に入りの学生でもある愛娘のキャランを通じて、言葉にできないほどおいしいバンセオを用意してくれた。

訳者あとがき

さて、パンケーキである。

名前はパンケーキだが、パンでもケーキでもない。「パン」という楽しげな響きをもつ単語と、「ケーキ」という甘い響きの単語をひとつにつなげると、「パンケーキ（pancake）」という心おどる言葉になる。ただし、パンケーキの「パン」は、食パンなどの「パン（ポルトガル語のパン pão に由来する）」ではなく、フライパンの「パン（英語で、取っ手のついた、底の平らな鍋を意味する）」である。

現在、日本では首都圏を中心にパンケーキ・ブームが沸き起こっている。東京・表参道のパンケーキ専門店には長蛇の列ができ、海外から新しいお店が次々に日本に上陸している。パンケーキ・ブームの勢いは衰えることを知らない。

ためしにインターネットで「パンケーキ　人気」などと検索してみると、見ただけでほっぺたが落ちそうな、それはそれは美しい画像がモニター上に次々と現れる。パンケーキが食べたくてしかたなくなること、請け合いだ。

じつは本書を翻訳後、ある人に原稿の校正刷り（ゲラ）を読んでもらった。後で聞いた話では、その人は読みすすめるうちにだんだんたまらなくなり、「ああ、もう、パンケーキが食べたい！」と叫ぶと、原稿チェックを中断して40度近い炎天下を買い物に走り、数十分後にはお気に入りのパンケーキを口にしていたという。笑顔でパンケーキをほおばる姿が目に浮かぶ。仕事も暑さも勝てはしない——そんなあらがい難い魅力を放つのがパンケーキである。

本書『パンケーキの歴史物語』は、『ケーキの歴史物語』『アイスクリームの歴史物語』『パイの歴史物語』『チョコレートの歴史物語』に続く「お菓子の図書館」シリーズの第五弾である。原書（*Pancake: A Global History*）は、イギリスの Reaktion Books が刊行している The Edible Series という数々の食べ物に焦点をあてたシリーズのうちの一冊であり、このシリーズは、料理とワインに関する良書を選定するアンドレ・シモン賞の２０１０年度特別賞を受賞している。

本書の著者ケン・アルバーラは、アメリカ・カリフォルニア州にあるパシフィック大学の歴史学教授。*Cooking in Europe 1250–1650*（2006）や *Beans: A History*（2007）など多数の著書があり、後者で２００８年度ＩＡＣＰ（国際料理専門家協会）ジェーン・グリグソン賞を受賞した。

でんぷん質の生地をフライパンや鉄板で焼く。パンケーキとは、もともとはそれだけの料理だが、シンプルだからこそ人間はさまざまな工夫をこらし、無数のバリエーションを生みだしてきた。たとえば、クレープ、フラップジャック、ドーサ……。驚くほど豊かな歴史を有し、世界中で愛され続けているパンケーキの歴史とそのすばらしさを、本書は語っている。

ギリシア・ローマ時代から、中世、そして現在にいたるまで、さまざまな社会でパンケーキがどのような役割を与えられ、朝食や旅行者の携帯食、祝祭の食事として食べられるようになったのか。本書を読むと、エチオピアの素朴なインジェラからロシアの豪華なブリヌイまで、人類の歴史におけるパンケーキの文化的重要性がよくわかる。

日本人読者にとっては、パンケーキのひとつとしてお好み焼きが取り上げられていることが興味深く感じられるだろう。そう、パンケーキは甘いとは限らない。お好み焼きはれっきとしたパンケーキなのである。

本書には、パンケーキの歴史をたどるだけでなく、実際に作ってみる楽しみもある。巻末には15のレシピが掲載され、本文中にも数々の魅力的なレシピが紹介されている。たとえば、アメリカ式パンケーキの理想的なレシピ（20～21ページ）、著者のとっておきのレシピ

（26〜28ページ）、ローマ時代のラテン語料理書に記された（パンケーキに近い料理の）レシピ（35ページ）、16世紀の料理書に掲載されている最古のパンケーキ・レシピ（42〜43ページ）……。数多くの歴史的レシピや現代的レシピをもとに、ひとつずつ順番にパンケーキを作っていくのもおもしろい。

訳出に際しては多くの方々から協力を得た。また、原書房編集部の中村剛さんにはたいへんお世話になった。この場を借りてすべての皆さまに心よりお礼申し上げます。

さあ、パンケーキを作ろう！　パンケーキを食べに行こう！

甘いパンケーキや塩味のパンケーキを食べながら、人生を存分に味わい尽くそう！

２０１３年９月

関根光宏

写真ならびに図版への謝辞

著者と出版社より，図版の提供と掲載を許可してくれた関係者にお礼を申し上げる。絵画作品の所蔵場所についても以下にまとめて記しておく。

Photo author: p. 82; photo John Collier/Library of Congress, Washington, DC (Prints and Photographs Division): p.134; photo Paul Cowan/BigStockPhoto: p. 125; photo © Dobri Dobrinov/2008 iStock International Inc.: p. 161; photos Everett Collection/courtesy of Rex Features: pp. 71, 74, 77; photos Mitiku Gabrehiwot, courtesy Tania Tribe: p. 92; Haarlem Museum: p. 110; photo © Albert Harlingue/Roger-Viollet/Rex Features: p. 49; photo William F Holmes: p. 154; photo © LAPI/Roger-Viollet/Rex Features: p. 118; photos Michael Leaman/Reaktion Books: pp. 86, 88, 95; photos courtesy of the Library of Congress, Washington, DC (Prints and Photographs Division): pp. 30, 57; photo © ND/Roger-Viollet/Rex Features: p. 41; photo © Sandra O'Claire/2008 iStock International Inc.: p. 12; Philadelphia Museum of Art (John G. Johnson Collection): p. 47 (Brouwer, *The Pancake Baker*); photo Jonathan Player/Rex Features: p. 140; photo © Hazel Proudlove/2008 iStock International Inc.: p. 6; photo Geoff Robinson/Rex Features: pp. 100-101; photos © Roger-Viollet/Rex Features: pp. 19, 54 (van Brekelenkam, *Woman Tossing Crepes*), 110, 132 (Moulinet, *The Crepes*), 144; photos © Wisconsin Historical Society/Everett Collection/Rex Features: pp. 62, 135; photo © Lisa F. Young/2008 iStock International Inc.: p. 112.

For pp. 9, 17, 23, 24, 60, 64, 93, 116, 120, 123, 128, 147, 151:
Nancy Ellen Jones: Photography and Food Styling
Chris Martin: Key Grip and Styling Assistant
Ken Albala: Food Preparation
Ken and Joanna Albala: Pottery

Shot on location in Stockton, California

参考文献

Ahmed, Anne, ed., *A Proper Newe Booke of Cokerye* (Cambridge, 2002)

Ashkenazi, Michael and Jeanne Jacob, *Food Culture in Japan* (Westport, CT, 2003)

Atkinson, Lucy, *Recollections of Tartar Steppes and Their Inhabitants* (London, 1863)

Aunt Babbette's Cookbook (Cincinnati, OH, 1889); on Feeding America site:digital.lib.msu/projects/cookbooks/html/authors/author_aunt/html

Austin, Thomas, ed., *Two Fifteenth Century Cookbooks* (Rochester, NY, 2000 reprint)

Brattpfanne, Göttfried, *Das Ursprung des Eierkuchensänger und Waffelungenlieder* (Frankfurt am Main, 1897)

Carême, Marie Antonin, *L'Art de la cuisine française*, facsimile reprint of 1844 edn (Boston, MA, 2005)

Catholicon Anglicum (1483; London, Early English Text Society, 1999)

Child, Lydia Maria, *The Frugal American Housewife*, facsimile reprint of 1844 edn, intro. Janice Bluestein Longone (Minneola, NY, 1996)

Dalby, Andrew, *Food in the Ancient World from A-Z* (London, 2003)

Dawson, Thomas, *The Good Housewife's Jewel*, intro. Maggie Black (Lewes, 1996)

Dekker, Thomas, 'The Shoemaker's Holiday' in *The Roaring Girl and Other City Comedies* (Oxford, 2001)

Drake, Nathan, *Shakespeare and His Times* (Paris, 1843)

Ellis, William, *The Country Housewife's Family Companion*, reprint of 1750 edn, intro. Malcolm Thick (Totnes, 2000)

Fisher, Abby, *What Mrs. Fisher Knows About Southern Cooking*, facsimile reprint of 1881 edn, notes Karen Hess (Bedford, ma, 1995)

Francatelli, Charles Elmé, *A Plain Cookery Book for the Working Classes*, facsimile reprint of 1861 edn (Whitstable, 1993)

Galen of Pergamum, *Galen on Food and Diet*, trans. Mark Grant (London, 2000)

——, *On the Properties of Foodstuffs*, trans. Owen Powell (Cambridge, 2003)

Glasse, Hannah, *The Art of Cookery Made Plain and Easy*, facsimile reprint of 1805 edn, ed. Karen Hess (Bedford, MA, 1997)

The Good Huswifes Handmaide for the Kitchen ([1594?] Bristol, 1992)

Grockock, Christopher and Sally Grainger, trans, *Apicius* (Totnes, 2006)
Hale, Sarah Josepha, *Early American Cookery*, facsimile reprint of *The Good Housekeeper*, 1841, intro. Janice Bluestein Longone (Minneola, NY, 1996)
Heiatt, Constance B. and Sharon Butler, eds, *Curye on Inglysch: English Culinary Manuscripts of the Fourteenth Century (Including the Forme of Cury)* (Oxford, 1985)
Hone, William, *The Yearbook of Daily Recreations* (London, 1839)
Hugget, Jane, ed., *A Proper Newe Booke of Cokerye*, transcript of an anonymous mid-sixteenth century cookery book (Bristol, 1995)
Kettilby, Mary, *A Collection Above Three Hundred Receipts in Cookery*, 4th edn (London, 1728)
Leslie, Eliza, *Directions for Cookery* (Philadelphia, pa, 1840)
Liber de coquina; online at www.uni-giessen.de/gloning/tx/mul2-lib.html; from Marianne Mulon, 'Deux traits inédits d'art culinaire medieval', *Bulletin philologique et historique (jusqu'au 1610) du Comité des Travaux historiques et scientifiques 1968*, vol. 1 (1971)
Livre fort excellent de cuisine (Lyon, 1555)
Manring, M. M., *Slave in a Box: The Strange Career of Aunt Jemima* (Charlottesville, VA, 1998)
Markham, Gervase, *The English Housewife*, ed. Michael R. Best ([1625] Montreal, 1986)
Marnettè, Mounsieur (*sic*), *The Perfect Cook*, trans. of *Le Patissier François* by de La Varenne (London, 1656)
Mason, Charlotte, *The Lady's Assistant*, 2nd edn (London, 1775)
May, Robert, *The Accomplisht Cook*, reprint of 1685 edn (Totnes, 2000)
Le Menagier de Paris; The Goodman of Paris, trans. Eileen Power (London, 1992)
Notabel boecxken can cokeryen (Brussels: Thomas van der Noot, 1514). http://users.pandora.be/willy.vancammeren/nbc/index.htm
Parloa, Maria, *Miss Parloa's New Cookbook* (1881); harvestfields.ca/CookBooks/001/01/000.htm
Pleij, Herman, *Dreaming of Cockaigne* (New York, 2001)
Randolf, Mary, *The Virginia House-wife*, facsimile of 1824 edn, commentary Karen Hess (Columbia, sc, 1984)
Simmons, Amelia, *American Cookery*, facsimile of 2nd edn, intro. Karen Hess

(Bedford, MA, 1996)
——, *The First American Cookbook*, facsimile of *American Cookery*, 1796, intro. Mary Tolford Wilson (Minneola, NY, 1984)
Smith, E., *The Compleat Housewife*, first pub. 1758 (London, 1994)
Soyer, Alexis, *Shilling Cookery for the People*, facsimile reprint of 1860 edn (Whitstable, 1999)
Taylor, John, *Jack-a-Lent* (London, 1620)
De Verstandige Kock (Amsterdam, 1667); trans. as *The Sensible Cook* by Peter G. Rose (Syracuse, NY, 1989)

レシピ集

◉ケンタッキー・ダービー・パンケーキ

小麦粉…2 カップ（250g）
ベーキングパウダー…小さじ½
卵…1 個
バーボン…½ショット
バニラエッセンス…キャップ 1 杯
牛乳*
ペカンナッツ**…1 カップ（110g）
砂糖…1 カップ（200g）
シナモン，ナツメグ，塩…それぞれひとつまみ
リンゴ（酸味のあるもの）…小 1 個
バター…適量（焼くときに使用）
サトウモロコシ製のシロップ（トッピング用）
*牛乳の分量はかなり固めの生地になるように加減する。
**北米産のクルミ科の落葉高木の実。

1. 小麦粉，ベーキングパウダー，卵，バーボン，バニラエッセンス，牛乳を混ぜておく。
2. フライパンにペカンナッツ，砂糖，シナモン，ナツメグ，塩を入れて弱火にかける。
3. つねにかき混ぜながら，砂糖が溶けて，完全にナッツにからみつくようになったら火からおろす（火にかけているあいだは焦げやすいので注意）。すぐに皿に移してさましておく。
4. リンゴの皮をむき，すりおろす。
5. フライパンにバターを溶かし，4 のリンゴに火をとおす。数分間冷ましてから生地に加える。
6. フライパンにバターを溶かし，生地を流し入れて焼く。
7. 焼きあがったら，3 のナッツを上に盛りつけてシロップをかける

◉お好み焼き

お好み焼き粉*…1 ½カップ（200～250g）
水
白菜（みじん切り）
モヤシ
サヤエンドウ
残り物の野菜
植物油（焼くときに使用）
かつお節
青のり
お好み焼きソース*
マヨネーズ
*お好み焼き粉・ソースは日本の食材店で手に入る。

1. お好み焼き粉と水で生地を作る（通常の小麦粉には山芋やだしが入ってい

ないのでお好み焼き粉を使う)。

2. 生地に野菜をすべて加え，油をひいた鉄板で焼く。途中で一度ひっくり返す。
3. 焼きあがったら皿に盛り，かつお節と青のりをのせる（ゴマと卵のふりかけをかけるとさらにおいしくなる)。
4. 上からお好み焼きソースとマヨネーズを豪快にかけ，友だちといっしょに食べる。

……………………………………………

●お好みトンナート

お好み焼きのバリエーション。実際に自分で作ってみたが，とてもおいしい。

お好み焼き粉…2 カップ（250*g*）
水
ツナの缶詰…1 缶（油をきっておく）
ケーパー…大さじ 2
赤ピーマン…½（小さめの角切り）
レッドチリペッパー*…少々
植物油またはバター（焼くときに使用）

*「Pimenton de la Vera」と呼ばれる，スペイン製のいぶしたトウガラシ粉があればそれを使う。

1. お好み焼き粉に水を混ぜて生地を作る。
2. 生地にツナ，ケーパー，赤ピーマン，レッドチリペッパーを加えて混ぜる。
3. 生地をスプーン一杯ずつ焼く。
4. ドライシェリーとともに前菜として楽しむ。

……………………………………………

●チリ・コーン・パンケーキ

コーンミール（粗挽き）…1 ½カップ（185*g*）
溶かしバター…大さじ 2
ベーキングパウダー…大さじ 1
牛乳*
アンチョ・チリ**…1 本（みじん切り）
黒インゲン豆…¼カップ（45*g*）（調理済みのもの）

*牛乳の分量はかなり固めの生地になるように加減する。

**メキシコ料理に使われる，香りのよい大型のトウガラシ。缶詰の場合は水きりをし，乾燥したものの場合は水でもどしてから使う。

ワカモレ用
完熟トマト…1 個
アボカド…1 個
タマネギ…小½個（みじん切り）
ライムの果汁…1 個分
塩…少々

1. コーンミールに溶かしバター，ベーキングパウダー，牛乳，アンチョ・チリ，調理済みの黒インゲン豆を加え，かなり固めの生地を作る。
2. 小さめのパンケーキの大きさに焼く。もしくはマドレーヌの型か小さなマフ

ィンの型に生地を入れて，180℃のオーブンで薄く色づくまで焼く（10分間）。
3. ワカモレの材料をすべて混ぜ，すり鉢でつぶす。
4. テキーラを飲みながら食べる。

◉ベリーのエクスプロージョン・パンケーキ

全粒粉…2カップ（240g）
卵…1個
重曹…小さじ1
フランボアーズのブランデー…1ショット
黒糖…小さじ1
牛乳*
バター（焼くときに使用）
ブルーベリー，ブラックベリー，ラズベリー，干しブドウなど
*牛乳の分量はかなりゆるめの生地になるように加減する。

1. 全粒粉に卵，重曹，ブランデー，黒糖，牛乳を混ぜて，かなりゆるい生地を作る。
2. フライパンにバターをひき，生地を流し入れて焼く。
3. ひっくり返す前に，好みのベリー類をのせ，上から押すようにして生地のなかに沈める。必要ならその上からさらに生地を少しだけ足す。
4. ひっくり返して裏側も焼く。
5. 焼きあがったら粉砂糖（分量外）をふる。

焼きあがってもベリー類はつぶれずに，そのままの形を保つようにする。食べるときにベリー類がつぶれて，汁がにじみでたり，爆発（エクスプロージョン）するように汁が飛びだしたりするので，「エクスプロージョン・パンケーキ」と命名した。

◉マッツァー・ブライ

マッツァー*…1枚（小さく砕いておく）
卵…3個
塩
砂糖…適量
シナモン…適量
バター（焼くときに使用）
*酵母の入らないクラッカー状のパン。

1. マッツァーを水につけてから（約1分），水分を絞っておく。
2. マッツァーに卵，塩（適量），砂糖，シナモン（どちらも好みの分量）を加えて混ぜる。
3. フライパンにバターをひいて，2の生地（お玉1杯分）を入れ，パンケーキの厚さにのばす。片面が焼けたら裏返して反対側も焼く。
4. 焼きあがったら皿に盛り，好みで砂糖とシナモンをふりかける。

筆者のような変わり者は，七面鳥やケーパー，マスタード，チーズといった，本来なら加えない材料を加え，フライパンの上でぐちゃぐちゃに混ぜてしまう。パンケーキとはちがったものになってしまうが，少なくともわたしにはおいしく感じられる。

◉マーガレット・“カルルスタイン”・ハンターのバターミルク・エーベルスキーバ

卵…3個
砂糖…大さじ2
レモンの皮…½個分（すりおろしておく）
バターミルク…2 ½カップ（590*ml*）
重曹…小さじ1
ベーキングパウダー…小さじ1
塩…小さじ½
小麦粉*…1 ½カップ（190*g*）
バター
リンゴ（皮をむいて切っておく）
*小麦粉のかわりにソバ粉を使ってもよい。ソバ粉で作るととてもおいしく焼ける。

1. 卵を割ってよくかき混ぜてから，砂糖，レモンの皮，バターミルクを加える。
2. 小麦粉，重曹，ベーキングパウダー，塩を，ふるいながら1に加え，軽くかき混ぜる（かき混ぜすぎないように注意）。
3. エーベルスキーバ専用のフライパン**を用意し，すべての穴にバター各小さじ1を入れて火にかける。
4. バターが泡立ってきたら，穴の半分まで生地を流し入れる。
5. 生地の端が茶色く色づいてきたら，小さく切ったリンゴをのせ，フォークかはしで生地をひっくり返して反対側も焼く。

**日本では，たこ焼き器で代用できる。

◉ラ・ソッカ（ニソワーズの絵はがきから）

水…470*ml*
オリーブオイル…大さじ2
ひよこ豆の粉…2カップ（185*g*）
塩・コショウ

1. ボウルに水とオリーブオイルを入れ，ひよこ豆の粉を加え，だまにならないようによくかき混ぜる。
2. 塩とコショウで味つけし，漉し器でこしておく。
3. 油（分量外）を塗った天板に，6ミリほどの高さまで生地を流し入れる。
4. あらかじめ高温で熱しておいたバーベキュー用コンロで焼く（コンロのふたは閉めておく）。バーベキュー用コンロのかわりに薪窯を使ってもよい。
5. 焼きあがったら，ひき立てのコショウをふって切り分け，焼きたてを手で

食べる。

◉チャチャパ（現代風にアレンジ）

コーンミール…2 カップ（275g）
生のトウモロコシ…1 カップ分（155g）
ピーマン，赤ピーマン…各 1 個（小さな角切り）
ハラペーニョ…1 個（種を取り除いて，みじん切り）
重曹…少々
塩…適量
牛乳…少量
バター（焼くときに使用）
スライスチーズ…1 枚（または同量のモッツァレラ）

1. コーンミールと生のトウモロコシの粒を混ぜ，ピーマンとハラペーニョを加える。
2. 重曹少々，塩少々を加える。
3. 牛乳を少量を加えて固めの生地を作る。
4. バターをひいたフライパンに生地を注ぐ。
5. 片面が焼けたら裏返し，スライスチーズをのせる。
6. 焼きあがったら半分に折って皿に盛り，トマト・サルサを添える。

◉ブルターニュ風ガレット

ソバ粉…2 カップ（340g）
卵…2 個
塩…ひとつまみ
溶かしバター…大さじ 2

1. 大きなボウルでソバ粉，卵，塩をよく混ぜる（しっかり塩味をつけたほうがおいしくなる）。
2. 溶かしバターと適量の水を加えて，うすい生地を作る。
3. 生地に空気がよく入るように，手でたたくようにしながら混ぜる。手が疲れるほど混ぜたほうがよい。生地がキッチン中に飛び散るほど混ぜると，焼きあがりがおいしくなる。
4. クレープ用のノンスティックフライパンか，ふつうの大きなフライパンを熱し，ガレットを焼く。
5. 焼きあがったらマッシュルーム入りのベシャメルソース，ハム，チーズをガレットの上に盛りつける。またはエビやカニ入りのクリームソースをのせれば最高においしくなる。
6. ガレットの四隅を折りたたみ，四角にする。中央は少しあけて，トッピングが見えるようにする。冷やしたシードル（リンゴ酒）を添える。

◉ポセイドン・クレープ

小麦粉…1カップ（125*g*）
牛乳…約⅔カップ（150*ml*）
水…約⅔カップ（150*ml*）
卵…3個
溶かしバター…大さじ3
塩…ひとつまみ
シャロット…1個（みじん切り）
バター…（焼くときに使用）
むきエビ…1カップ（130*g*）
カニ肉（ほぐしたもの）…1カップ（135*g*）
ホタテ貝…1カップ
エストラゴン…少々
サフラン…数本
白ワイン（辛口）…¼カップ（55*ml*）
生クリーム…¼カップ（55*ml*）

1. 小麦粉に牛乳，水，卵，バター，塩を混ぜ，冷蔵庫で1時間以上寝かせる。必要ならさらに水を加え，ゆるい生地を作る。
2. 平たいクレープ用フライパン（あるいはふつうのフライパン）を熱したら，少量のバターをひく。お玉1杯分の生地を流し入れ，フライパンを傾けながら生地を広げる。余分な生地はボウルにもどす。
3. 片面が焼けたら裏返し，反対側も数秒間だけ焼く。
4. 焼きあがったクレープは重ねていき，布などで覆って保温しておく。
5. すべて焼きあがったら，あらためてフライパンに大さじ1のバターをひき，シャロットを弱火で炒める。次にエビのむき身，カニ肉，ホタテ貝，エストラゴン，サフランを加えて1分ほど炒める。
6. 白ワインと生クリームを加え，強火で1分ほど煮詰め，すべての材料に火をとおす。
7. クレープに6をたっぷりとのせ，海草，海神ポセイドンの三つ叉の矛で飾る。

◉パラチンタ

卵…6個
小麦粉…3カップ（375*g*）
牛乳…1½カップ（355*ml*）
砂糖…大さじ1
塩…少々
炭酸水…1½カップ（340*ml*）
バター（焼くときに使用）
細かく砕いたクルミ…¼カップ（30*g*）
はちみつ…少量
アプリコットジャム
甘いホイップクリーム（トッピング用）

1. 卵，小麦粉，牛乳，砂糖，塩ひとつまみを混ぜ，クレープの生地を作る。生地を数時間または一晩寝かせ，炭酸水を加える。

2. 前述のレシピと同様にクレープを焼いていく。
3. 焼きあがったクレープにクルミと少量のはちみつをのせ，その上にまたクレープを重ねる。アプリコットジャムを塗り，さらにクレープを重ねる。これを交互に繰り返し，すべてのクレープを重ねる。
4. できあがった「ケーキ」をホイップクリームで飾る（絞り出しながらデコレーションする）。

……………………………………………………

◉ラトケ

ジャガイモ…3 個（皮をむき，粗く刻む）
タマネギ…1 個
卵…1 個
塩…ひとつまみ
マッツァー粉（固めの生地になるように分量を調整）
油…適量

1. ジャガイモ，タマネギ，卵，塩ひとつまみをブレンダーに入れ，なめらかになるまで混ぜあわせる。
2. 1 をざるに入れ，数分間，水分をきる（でてきた水分は捨てる）。
3. 2 をボウルに入れて，マッツァー粉を加える（マッツァー粉の分量は水をきった生地の半分ぐらいが適量）。
4. 深めのフライパンに油を熱し，生地をスプーンですくって落としたら，茶色く色づくまで揚げる。
5. 塩をふり，熱いうちに食卓に運ぶ。サワークリームとアップルソースを添える。

……………………………………………………

◉ブリヌイ

ソバ粉…2 カップ（240*g*）
ベーキングパウダー…大さじ 1
卵…2 個
牛乳*
バター（焼くときに使用）
サワークリーム（好みで）
キャビア（できるだけたくさん）
*牛乳は濃いめのパンケーキ生地になるように加減する。

1. 小麦粉，ベーキングパウダー，卵，牛乳を混ぜる。
2. フライパンを熱してバターをひいたら，一口で食べられるぐらいの大きさに焼く。
3. 焼きあがったら，サワークリームとキャビアをのせる。
4. 冷やしたウォッカを用意し，ニコライ大公に乾杯してから食べる。

……………………………………………………

◉クレープシュゼット

小麦粉…4 カップ（500*g*）（ふるいにかけておく）
粉砂糖…1 ½カップ（200*g*）

精製塩…ひとつまみ
卵…12 個
牛乳…1.5 リットル
キュラソー…大さじ 2
マンダリンオレンジの果汁と皮
バター…大さじ 3（50*g*）
砂糖…¼カップ（50*g*）

1. 小麦粉，砂糖，塩をボウルで混ぜる。
2. 別のボウルに卵を割り，よくかき混ぜてから 1 に加える。
3. 牛乳を少しずつ加え，生地を作る。
4. 生地にキュラソー（大さじ 1）とマンダリンオレンジの果汁（大さじ 1）を加える。
5. ごく薄いクレープを焼き，その上にバターをのせて砂糖をふる。残りのマンダリンオレンジ果汁，皮，キュラソーも加える。
6. ソースが全体になじんだら四つ折りにして，皿に盛ってフランベする。

ケン・アルバーラ（Ken Albala）
カリフォルニアのパシフィック大学で歴史学の教授を務めるかたわら，フードライターとして活躍。学術論文から一般向け教養書まで，食物史をテーマとした著書多数。『豆の世界史 Beans: A History』では2008年IACP（国際料理専門家協会）のジェーン・グリグソン賞を受賞。

関根光宏（せきね・みつひろ）
翻訳家。訳書に『世界しあわせ紀行』『オリバー・ストーンが語る もうひとつのアメリカ史2』（ともに早川書房），『インド 第三の性を生きる』（青土社），『インド洋圏が，世界を動かす』（インターシフト）などがある。

お菓子《かし》の図書館《としょかん》

パンケーキの歴史物語《れきしものがたり》

●

2013年9月26日　第1刷

著者……………ケン・アルバーラ
訳者……………関根光宏《せきねみつひろ》
翻訳協力……………株式会社リベル
装幀……………佐々木正見
発行者……………成瀬雅人
発行所……………株式会社原書房

〒160-0022 東京都新宿区新宿 1-25-13
電話・代表 03(3354)0685
振替・00150-6-151594
http://www.harashobo.co.jp

印刷……………シナノ印刷株式会社
製本……………東京美術紙工協業組合

ISBN978-4-562-04942-4, Printed in Japan

《お菓子の図書館》

料理とワインについての良書を選定する
アンドレ・シモン賞特別賞受賞シリーズ

ケーキの歴史物語

ニコラ・ハンブル
堤理華訳

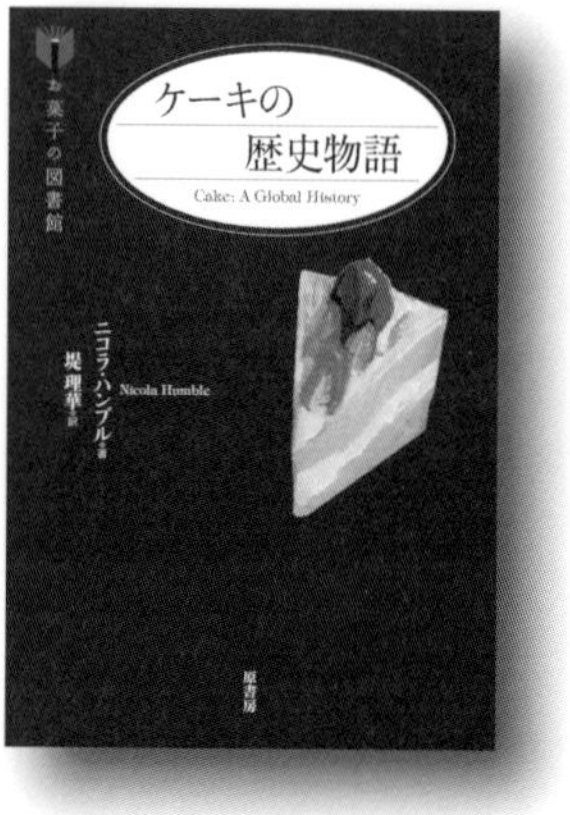

ケーキって、いつ頃どこで生まれた？　フランスのケーキは豪華でイギリスのケーキが地味なのはなぜ？　ケーキの始まり、作り方と食べ方の変遷、文化や社会との意外な関係など、実は奥が深いケーキの歴史を楽しく説き明かす。

２１００円

（価格は税込）

《お菓子の図書館》

料理とワインについての良書を選定する
アンドレ・シモン賞特別賞受賞シリーズ

アイスクリームの歴史物語

ローラ・ワイス
竹田円訳

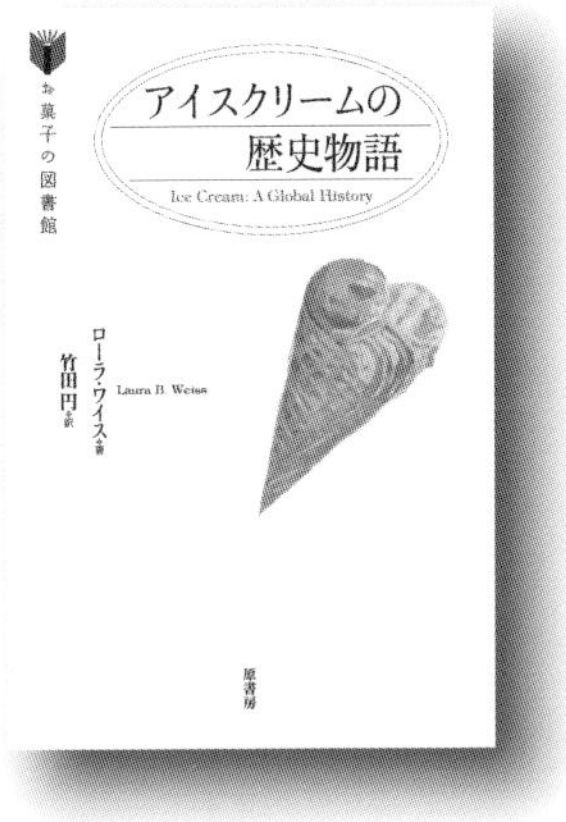

アイスクリームの歴史は多くの努力といくつかの素敵な偶然で出来ている。「超ぜいたく品」から大量消費社会に至るまで、コーンの誕生と影響力、ソーダやケーキとの高度な合体など、誰も知らないトリビア満載の楽しい本。

2100円

（価格は税込）

《お菓子の図書館》

料理とワインについての良書を選定する
アンドレ・シモン賞特別賞受賞シリーズ

チョコレートの歴史物語

サラ・モス＆
アレクサンダー・バデノック
堤理華訳

甘くて苦くて、とろけてしまう……メソアメリカで「神への捧げ物」だったカカオが、世界中を魅了するチョコレートになるまでの波瀾万丈の歴史。原産地搾取という〝負〟の歴史やチョコレート企業の考え抜かれたイメージ戦略などにも言及。

2100円

（価格は税込）

《「食」の図書館》

パンの歴史

ウィリアム・ルーベル
堤理華訳

ふんわり／ずっしり。

丸い／四角い／平たい。

変幻自在のパンには、よりよい食と暮らしを追い求めてきた人類の歴史がつまっている。多くのカラー図版で読み解く、人とパンの6千年の物語。世界中のパンで作るレシピ付。　２１００円

（価格は税込）

《「食」の図書館》

カレーの歴史

コリーン・テイラー・セン
竹田円訳

「グローバル」という形容詞がふさわしいカレー。インド、イギリスはもちろん、ヨーロッパ、南北アメリカ、アフリカ、アジアそして日本など、世界中のカレーの歴史について多くのカラー図版とともに楽しく読み解く。レシピ付。

2100円

（価格は税込）

紅茶スパイ　英国人プラントハンター中国をゆく

サラ・ローズ／築地誠子訳

十九世紀、中国がひた隠しにしてきた茶の製法とタネを入手するため、凄腕プラントハンターが中国奥地に潜入した。激動の時代を背景にミステリアスな紅茶の歴史を描く、面白さ抜群の歴史ノンフィクション。　２５２０円

ワインを楽しむ58のアロマガイド

M・モワッセフ、P・カザマヨール／剣持春夫監修、松永りえ訳

ワインの特徴である香りを丁寧に解説。通常はブドウの品種、産地へと辿っていくが、本書ではグラスに注いだ香りからルーツ探しがスタートする。香りの基礎知識、嗅覚、ワイン醸造なども網羅した必読書。　２３１０円

スパイスの人類史

アンドリュー・ドルビー／樋口幸子訳

人類を魅了し、交易や戦争など歴史をも動かしてきたスパイス。代表的な約六十種を中心に、人間とともに織り成してきた壮大な物語を読み解く。国際グルメ協会『世界の料理書大会』英語部門最優秀賞受賞。　３０４５円

ルネサンス 料理の饗宴　ダ・ヴィンチの厨房から

デイヴ・デ・ウィット／富岡由美、須川綾子訳

ダ・ヴィンチの手稿を中心に、ルネサンス期イタリアの食材・レシピ・料理人から調理器具まで、料理の歴史と発展をエピソードとともに綴る。当時のメニューをありのままに再現した美食のレシピ付。　２５２０円

フランス料理の歴史

マグロンヌ・トゥーサン＝サマ／太田佐絵子訳

遥か中世の都市市民が生んだフランス料理が、どのようにして今の姿になったのか。食と市民生活の歴史をたどり、文化としてのフランス料理が誕生するまでの全過程を描く。中世以来の貴重なレシピも付録。　３３６０円

（価格は税込）

美食の歴史２０００年
パトリス・ジェリネ／北村陽子訳

食は我々の習慣、生活様式を大きく変化させ、時には戦争の原因にすらなった。様々な食材の古代から現代までの変遷と、食に命を捧げ、芸術へと磨き上げた人々の人生がおりなす歴史をあざやかに描く。　２９４０円

パスタの歴史
S・セルヴェンティ、F・サバン／飯塚茂雄、小矢島聡監修／清水由貴子訳

古今東西の食卓で最も親しまれている食品、パスタ。イタリアパスタの歴史をたどりながら、工場生産された乾燥パスタと、生パスタである中国麺との比較を行いながら、「世界食」の文化を掘り下げていく。　３９９０円

ワインの世界史　海を渡ったワインの秘密
ジャン＝ロベール・ピット／幸田礼雅訳

聖書の物語、詩人・知識人の含蓄のある言葉、またワイン文化にはイギリスが深くかかわっているなどの興味深い挿話をまじえながら、世界中に広がるワインの魅力と壮大な歴史を描く。　３３６０円

図説　中国　食の文化誌
王仁湘／鈴木博訳

歴史にのこるさまざまな資料を収集し、中国の飲食文化とはいかなるものであったかを簡潔に解き明かした、第一人者による名著。多くの貴重な図版で当時の食器や饗宴の様子、作法が一目でわかる。　５０４０円

世界食物百科　起源・歴史・文化・料理・シンボル
マグロンヌ・トゥーサン＝サマ／玉村豊男監訳

古今東西、文化と料理の華麗なる饗宴。全世界を舞台に繰り広げられたきた人類と食文化の歴史を、様々なエピソードと共に綴った百科全書。図版百点。推薦――石毛直道氏、樺山紘一氏、服部幸應氏他。　９９７５円

（価格は税込）